I0493163

Die Bitcoin Bibel

Das Buch zur digitalen Währung

BTC-ECHO
Bitcoin & Blockchain Pioneers

Copyright © 2018 BTC-ECHO

All rights reserved.

3. Auflage: 01. Mai 2018

ISBN-10: 1534733191

ISBN-13: 978-1534733190

Die Bitcoin Bibel

Das Buch zur digitalen Währung

Erweiterte
Neuauflage
2018

Dr. Philipp Giese • Maximilian Kops • Sven Wagenknecht
Danny de Boer • Phillip Horch • Mark Preuss

BTC-ECHO
Bitcoin & Blockchain Pioneers

Impressum

Texte: © Copyright by BTC-ECHO

BTC-ECHO GmbH

Tiergartenstraße 35

47533 Kleve

info@btc-echo.de

Alle Rechte vorbehalten.

Tag der ersten Veröffentlichung (1. Auflage): 18.06.2016

www.btc-echo.de/impressum

INHALT

Über die BTC-ECHO Redaktion

Wir sind die BTC-ECHO-Redaktion und betreiben Deutschlands reichweitenstärkstes Online-Magazin in den Bereichen Bitcoin, Blockchain und Kryptowährungen: www.btc-echo.de. Unser Team aus Redakteuren ist bunt gemischt, sodass es für jeden Fachbereich – egal ob IT, Wirtschaft oder Politik – mindestens einen Experten gibt. Das erlaubt es uns, in der Bitcoin-Bibel auf das gesamte Spektrum des Bitcoins eingehen.

Die Informationen in diesem Buch wurden mit größter Sorgfalt erarbeitet. Dennoch können Fehler nicht vollständig ausgeschlossen werden. Die Autoren übernehmen keine juristische Verantwortung oder Haftung für eventuell verbliebene Fehler und deren Folgen.

Da viele unserer Quellen aus dem Englischen stammen, mussten wir bei der Arbeit an diesem Buch viel übersetzen. Zur besseren Lesbarkeit haben wir hier frei übersetzt, da eine wortwörtliche Übersetzung teils den Lesefluss stören würde. Außerdem haben wir am Ende von jedem Kapitel eine kurze Zusammenfassung verfasst, die dabei hilft das Gelesene noch besser zu verinnerlichen. Wer die einzelnen Kapitel nochmal nachschlagen will, findet außerdem ein Glossar am Ende des Buches. Da sind nochmal alle wichtigen Begriffe aufgeführt.

Zur besseren Lesbarkeit werden in diesem Buch personenbezogene Bezeichnungen, die sich auf alle Geschlechter beziehen, generell nur in der im Deutschen üblichen männlichen Form angeführt, also beispielsweise „Leser" statt „LeserInnen" oder „Leserinnen und Leser". Dies soll jedoch keinesfalls eine Geschlechterdiskriminierung oder eine Verletzung des Gleichheitsgrundsatzes zum Ausdruck bringen.

Nun bleibt nur noch eines: Wir wünschen eine angenehme und informative Lektüre!

BTC-ECHO

Vorwort – Wir lüften den Schleier

Ein Schleier hängt vor der Bitcoin-Welt. Ist das nicht diese Internetwährung? Kann man damit nicht Geld waschen und Drogen kaufen? Ist das das, womit letztes Jahr so viele reich geworden sind? Ist das nicht Betrug? Solche Fragen kommen immer wieder auf – doch die wenigsten kennen die Antworten. Viele wissen nicht oder nur sehr ungenau, was sich tatsächlich hinter dem Schleier verbirgt.

Im Jahr 2016 haben wir es zum ersten Mal gewagt, diesen Schleier zu lüften. In akribischer Kleinstarbeit, mit viel Schweiß und Team-Work haben wir die wichtigsten Fragen rund um Bitcoin beantwortet. Damals war Bitcoin noch ein Nischenthema, für das sich vor allem eine eingeschworene Community begeisterte. Inzwischen ist Bitcoin jedoch zu einem Massenphänomen geworden, für das sich Millionen von Menschen interessieren.

Denn es ist viel passiert seit dieser letzten Auflage. In einem Beispiel sprachen wir davon, dass Tom von Lisa ein Fahrrad kaufen will und ihr dafür „sagen wir mal" 0,5 Bitcoin überweist. Zwei Jahre später wäre das mit knapp 8.000 Euro ein sehr teures Fahrrad gewesen. Tom hätte sich das beim Bitcoin-Kurs im Jahr 2017 wahrscheinlich zweimal überlegt. Einige Monate später wiederrum wäre es schon wieder erschwinglich gewesen – wir haben es mit einer sehr jungen Technologie zu tun, die noch in den Kinderschuhen steckt. Dennoch ist es ein sehr berühmtes Kind, dieser Bitcoin. Nicht zuletzt die Möglichkeit, vermeintlich schnell reich zu werden, machte viele Neueinsteiger auf Bitcoin und Co. aufmerksam.

Mit dem Ruhm kamen gleichermaßen Kritiker wie Fanatiker, die teils blind, teils verblendet auf der Bitcoin-Welle surften. Überall hörte man plötzlich von Bitcoin-Millionären und selbst ernannten Experten, die uns erklären wollten, wie man reich wird. Finanzexperten sprachen auf der anderen Seite von der „größten Finanzblase seit der Tulpen-Manie", andere von Schneeballsystemen. Alle wollten plötzlich ein Stück vom Kuchen – im Dezember 2017 erreichte die digitale Währung ihren Höchststand von etwa 20.000 US-Dollar. Nur um danach wieder um knapp die Hälfte abzustürzen. Die Bitcoin-Blase war – wieder einmal – geplatzt. Hektische Anleger, die das schnelle Geld im Sinn hatten und ebenso schnell wieder ausstiegen, saßen einer eingeschworenen Gemeinschaft gegenüber, die das Ganze gelassen sah: „Blase geplatzt? Die bläst sich auch wieder auf."

Zwei Konzepte sind es, die diesen Anlegermarkt beherrschen: *FUD* [gesprochen: fadd] und *FOMO* [gesprochen: foh-mo]. Ersteres ist das Kürzel für Angst, Unsicherheit und Zweifel (Fear, Uncertainty & Doubt). Das zweite steht für die Angst, etwas zu verpassen (Fear of Missing Out). Beide Konzepte sind emotions- und angstgetriebene Herangehensweisen, die in der Welt des Bitcoins prinzipiell schlechte Ratgeber sind.

Denn Angst kommt meistens von Unwissenheit. Jeder kennt diese unwissende Angst: Was wird der Zahnarzt mit meinen Zähnen machen? Wie werde ich in der Prüfung abschneiden? Was wird der Chef nur dazu sagen? Doch danach, so spricht der Volksmund, ist man immer schlauer. Und meistens erleichtert – gerade weil man dann schlauer ist und der Schleier der quälenden Unwissenheit gelüftet ist.

Wir bringen etwas Klarheit in das kryptische Durcheinander, das sich um die digitalen Münzen spinnt. Bitcoin, *Blockchain*, *Wallets* und *Mining* werden nach der Lektüre dieses Buches keine Fremdwörter sein. Für alle, die etwas besser Bescheid wissen wollen, für alle, die wissen wollen, was es mit dieser neuen Technologie auf sich hat, von der alle reden.

Dafür begeben wir uns auf Spurensuche: Über eine E-Mail und die wahrscheinlich teuersten Pizzen dieser Welt verfolgen wir die Spuren des mysteriösen Satoshi Nakamoto. Und dabei lüften wir Stück für Stück den Schleier.

Kapitel 1: Die Geschichte: Pizza, Politik und Schattenseiten

Zwei millionenschwere Pizzen

Wir schreiben das Jahr 2008. Die Weltwirtschaftskrise ist in vollem Gange – die Immobilienblase der Vereinigten Staaten ist geplatzt, andere Länder ziehen nach. Am 15. September erreicht das Geschehen seinen vorzeitigen Höhepunkt, als die US-amerikanische Großbank Lehman Brothers zusammenbricht. In der Folge zwingt die Finanzkrise Staaten dazu, die Existenz von Banken wie die UBS oder die Commerzbank durch hohe Geldsummen zu retten. Die Verschuldung vieler Staaten stieg in schwindelerregende Höhen. Große Konzerne wie General Motors meldeten Insolvenz an, die Versicherung American International Group wird notverstaatlicht. Im Oktober des Jahres schätzt der Internationale Währungsfonds den Wertverfall von Hypotheken auf insgesamt 580 Milliarden US-Dollar.

Im folgenden Monat, am 1. November 2008, machte eine verschlüsselte E-Mail eines gewissen Satoshi Nakamoto in einer Mailing-Liste die Runde, die hohe Wellen schlagen sollte:

Ich habe an einem neuen elektronischen Geldsystem gearbeitet, das komplett auf Peer-to-Peer-Basis und ohne vertrauenswürdige dritte Partei auskommt. Das Paper dazu ist auf http://www.bitcoin.org/bitcoin.pdf verfügbar.

Neben den Haupteigenschaften seines geplanten elektronischen Geldsystems fügte er eine Notiz an, die das Geldsystem erklärte. Bevor dieses im nächsten Kapitel im Detail erklärt wird, hier der übersetzte Originaltext:

Exposé: Eine reine Peer-to-Peer-Version elektronischen Geldes würde es ermöglichen, Online-Zahlungen direkt von einer Partei zur anderen zu senden, ohne dabei eine Finanzinstitution als Mittler zu benötigen. Digitale Signaturen können dies zwar bereits teilweise leisten, die größten Vorteile gehen jedoch trotzdem verloren: Um ein Double Spending zu verhindern, ist nach wie vor das Vertrauen in eine dritte Partei notwendig. Wir schlagen eine Lösung für das Double-Spending-Problem vor, indem wir ein Peer-to-Peer-Netzwerk nutzen. Das Netzwerk versieht Transaktionen mit einem Zeitstempel, indem sie in eine fortlaufende Kette vom so genannten hash-based Proof-of-Work eingefügt wird. Diese Kette stellt dann ein unveränderliches Protokoll dar. Die längste

Kette dient nicht nur als Beweis der Reihenfolge, in der die Vorgänge abgelaufen sind, sondern beweist zudem, dass die größte Menge an Computer-Rechenleistung dafür aufgebracht wurde. So lange die Mehrheit der Rechenleistung von Nodes kontrolliert wird, die nicht miteinander kooperieren, um das Netzwerk anzugreifen, werden diese die längste Kette generieren und Angreifer abhängen. Das Netzwerk selbst benötigt nur eine minimale Struktur. Nachrichten werden nach dem Best-Effort-Prinzip überbracht und Nodes können das Netzwerk beliebig verlassen und wieder beitreten, indem sie die längste Proof-of-Work-Kette als Beweis dessen akzeptieren, was in der Zeit ihrer Abwesenheit geschehen ist - Satoshi Nakamoto

Wer diese Nachricht verfasst hat, ist bis heute nicht geklärt. Immer wieder wurde versucht, die Person oder die Personengruppe hinter dem Pseudonym Satoshi Nakamoto ausfindig zu machen. Anfangs arbeitete er mit einem Open-Source-Team zusammen an dem Projekt und legte sehr viel Wert darauf, keine persönlichen Daten bekannt zu geben.

Im Jahr 2009 veröffentlichte Satoshi Nakamoto den ersten Bitcoin-Client und kommunizierte fortan bis Ende

2010 mit der Bitcoin-Community. Danach verschwand er spurlos von der Bildfläche. Analyseverfahren des White Papers aus der Kriminalistik, Recherchen auf Foren oder Nachfragen in seinem Dunstkreis führten letztlich nicht zu genauen Ergebnissen.

Im Online-Forum bitcointalk.org erschien am 18. Mai 2010 eine weitere Meldung, die ähnlich hohe Wellen schlagen sollte:

Ich zahle 10.000 Bitcoins für ein paar Pizzen. Vielleicht zwei große, dass ich am nächsten Tag noch etwas übrig habe. Ich mag Pizzareste, um später noch daran rumzuknabbern. Ihr könnt die Pizza selbst machen und mir nach Hause bringen oder sie mir bei einem Lieferservice bestellen. Was ich möchte, ist Essen im Austausch gegen Bitcoins geliefert zu bekommen, ohne dass ich sie selbst zubereiten muss. Wie bei einer Frühstücksplatte im Hotel oder so – die bringen dir einfach was zu essen und du bist glücklich! Ich mag Zwiebeln, Paprika, Würstchen, Pilze, Tomaten, Salami etc. Aber nur das Standard-Zeug, nix komisches mit Fisch oder so. Ich mag auch ganz einfache Käsepizzen, die sind vielleicht günstiger zuzubereiten oder zu bekommen.

Wenn jemand interessiert ist, lasst es mich wissen und wir können einen Deal aushandeln. Danke, Laszlo.

Nach vier Tagen verkündete Laszlo dann, dass er für seine 10.000 Bitcoins Pizza bekommen hat. Was er nicht wusste: Die 10.000 Bitcoins sollten schon im November desselben Jahres über 2.000 Euro, zwei Jahre später knapp 40.000 Euro und im Dezember 2017 über 160 Millionen Euro wert sein. Indem er jedoch Bitcoins in den Warenkreislauf einschleuste, hat er wichtige Pionierarbeit geleistet. Denn nur so konnten die digitalen Münzen einen Gegenwert bekommen. Doch bevor man verstehen kann, wie der Bitcoin seinen Wert erlangte, sollte man verstehen, wie das System dahinter funktioniert. Um den ersten Blick hinter den Schleier zu wagen, muss man die Details des White Papers – eine Art Anleitung für Bitcoin – verstehen.

Das Prinzip Bitcoin – Satoshis White Paper

Die Grundidee, die Satoshi Nakamoto im Bitcoin-White-Paper beschreibt, ist ein elektronisches Bezahlverfahren, das ohne Finanzinstitut auskommt. Dazu schlägt Nakamoto ein System vor, bei dem Rechner mit Rechnern kommunizieren, ein sogenanntes *Peer-to-Peer*-Netzwerk.

Die Rechner verschicken dabei untereinander Datenpakete und weben damit ein Netz. Die einzelnen Stationen zwischen diesen Rechnern nennt man Knotenpunkte oder auch *Nodes*. Die Informationen über die gesendeten Datenpakete werden in einem virtuellen Kontenbuch, der *Blockchain* gespeichert.

Um die Datenpakete untereinander zu versenden, benötigen die Rechner *Signatures,* also digitale Signaturen. Diese digitalen Stempel stehen sowohl für das Nachrichtensystem an sich, als auch für die Nachrichten selbst.

Das Versenden der Nachrichten ist letztlich der Kern des Bitcoin-Systems. Diese Transaktionen werden mit einem bestimmten Code, dem *Private Key*, verschlüsselt. Der Wert, der für die Verschlüsselung steht, ist die digitale Signatur. Außer dem *Private Key* verwendet das Netzwerk den *Public Key* – eine digitale Kontonummer. Mit dieser kann jeder Teilnehmer im Netzwerk die Nachrichten überprüfen, ohne jedoch den direkten Inhalt kennen zu müssen. Lediglich die Zeit und die Richtigkeit der Information werden überprüft.

Digitale Signaturen mögen zwar Vermittler von außen ausschalten, sorgen jedoch für ein neues Problem. Dieses nennt sich *Double Spending* und bezeichnet die doppelte Ausschüttung einer Geldmenge. Ohne ein geeignetes Verfahren zur Überprüfung könnte jeder Teilnehmer Transaktionen kopieren und sich damit an anderen bereichern.

Doch auch dieses Problem hat Nakamoto in seinem White Paper bedacht. Um *Double Spending* zu verhindern, führt Nakamoto das Prinzip des *Proof-of-Work* ein. Dabei geht es darum, eine Übereinkunft zu finden und die Transaktionen vor Manipulation im Sinne des *Double Spending* zu schützen – das Konsensverfahren. Eine Möglichkeit innerhalb des Netzwerks also, um die Echtheit und Richtigkeit der Transaktionen zu überprüfen. Die zentrale Kontrollinstanz ist das Netzwerk selbst.

Fügt man die digitalen Signaturen schließlich zu einer Kette zusammen, so Nakamoto in seinem White Paper, bezeichnet man das als (Bit-)Coin, als digitale Münze. An das Ende von jeder Kette wird letztlich ein *Hash*, eine algorithmische Funktion, angefügt, der die wichtigsten Informationen zu den Transaktionen enthält.

Das Bitcoin-System beruht also auf einem direkten *Peer-to-Peer*-Netzwerk. Das Netzwerk vergibt dabei für jede

Die Geschichte: Pizza, Politik und Schattenseiten | 13

Transaktion einen einmaligen Zeitstempel. Diesen Eintrag kann man nicht mehr ohne einen erneuten Leistungsnachweis ändern.

Die längste Kette ist nicht nur der Beweis für die Abfolge der Ereignisse, sondern auch dafür, dass sie aus dem größten Pool mit der größten Rechenkapazität entstammt. Die Kette schließlich fügt sich aus einzelnen Daten-Blöcken zusammen und wird *Blockchain* genannt.

Solange der größte Anteil der Rechenkapazität von einzelnen Knotenpunkten zur Verfügung gestellt wird, stellen sie die längste Kette und sichern das Netzwerk vor Angriffen von Hackern. *Nodes* können das Netzwerk nach Belieben verlassen und es wieder betreten. Bei einem Wiedereintritt wird automatisch die längste Kette erneut heruntergeladen und die *Node* erhält den aktuellsten Leistungsnachweis (*Proof-of-Work*) und damit einen neuen Platz im Netzwerk.

Nach diesem Prinzip wurden die ersten Bitcoins am 3. Januar 2009 berechnet, zwei Jahre bevor Laszlo die ersten Pizzen damit kaufte und Bitcoin als elektronisches Bezahlsystem benutzte. Was Satoshi Nakamoto danach getan hat, ist bis heute unbekannt. Auch er umgab sich letztlich mit einem Schleier. Seine letzte Meldung stammt aus dem Frühjahr 2011: „Ich werde mich fortan anderen Dingen widmen."

Im Bitcoin-White-Paper stellt Satoshi Nakamoto das System Bitcoin vor. Als digitale Alternative zum traditionellen Bezahlsystem soll es ohne eine zentrale Institution auskommen – es ist dezentral. Stattdessen arbeitet Bitcoin mit einem *Peer-to-Peer*-Netzwerk, bei dem Rechner untereinander kommunizieren. Um Manipulation zu verhindern, hat Satoshi das *Proof-of-Work*-Verfahren vorgeschlagen. Die Informationen über die einzelnen Transaktionen werden in *Hashs* gespeichert. Die wichtigsten Elemente des Bitcoin-Systems sind die Dezentralität und die Kryptographie.

Bitcoin – Währung oder nicht?

Bitcoin ist als Alternative zum traditionellen Geldsystem konzipiert und wird gemeinhin als Kryptowährung bezeichnet. Seine Funktion findet sich bereits im Namen: „Bit" ist die kleinste Maßeinheit für eine Datenmenge, „Coin" bedeutet Münze.

Besagtes Geld, zu dem Bitcoin eine Alternative bieten soll, sind die *Fiatwährungen*. Als *Fiatwährung* bezeichnet man von Staaten bzw. Banken herausgegebene Währungen wie beispielsweise Euro oder US-Dollar. Auch hier ist die Funktion bereits im Begriff angelegt: Das Wort Fiat kommt aus dem Lateinischen und bedeutet so viel wie „es werde". Bei *Fiatwährungen* handelt es sich der Definition nach um Objekte ohne inneren Wert, die als Tauschmittel verwendet werden. Sie „werden" etwas Wert sein – man kann sie umtauschen.

Nun muss sich Bitcoin häufig dem Vorwurf stellen, keine richtige Währung zu sein. Im Vergleich mit den von Staaten bzw. Notenbanken emittierten Währungen verfügt Bitcoin jedoch über die Funktionen, die Geld per Definition erfüllen muss:

1) TAUSCHFUNKTION – Bitcoin als Bezahlsystem beginnt zwar gerade erst sich zu etablieren, wird aber zum Tausch bereits verwendet. Ob Nahrung, Kleidung oder Dienstleistungen – für zahlreiche Waren kann bereits mit der Kryptowährung bezahlt werden. Sowohl online als auch offline mehren sich mit jedem Tag die Akzeptanzstellen von Bitcoin.

2) RECHENFUNKTION – Als Wertmesser und Recheneinheit muss Geld die Funktion der Messung von Tauschgütern erfüllen. Wie aus dem vorigen Punkt hervorgeht, etabliert sich Bitcoin in seiner Rechen-

funktion. Bestimmte Waren oder Dienstleistungen werden zu einem bestimmten Preis mit einem Bitcoin-Wert versehen und dadurch rechenbar. Hieraus ergibt sich auch die Funktion als Wertübertragungsmittel.

3) WERTÜBERTRAGUNGSMITTEL – Geld muss als Wertübertragungsmittel die Übertragung von Werten wie beispielsweise Schenkungen, Erbschaft oder Lohn gewährleisten können. Zwar sind hier noch rechtliche Hürden vorhanden, doch das Potential dazu ist in Bitcoin angelegt.

Hier muss man anmerken, dass Bitcoin – in der Denkweise – nach wie vor mit Fiatwährungen verknüpft wird. Anstatt Bitcoin als digitales Zahlungssystem an sich zu begreifen, findet nach wie vor eine Umrechnung statt. An dieser Stelle kann man sich wohl an die Einführung des Euros und den Ausspruch erinnert fühlen: „Was? Das kostet 50 Euro? Das sind ja 100 Mark!" Bitcoin an sich hat jedoch keinesfalls einen festgesetzten Gegenwert – die Kurse sind immer nur Orientierungswerte.

4) WERTAUFBEWAHRUNGSFUNKTION – Bei der Funktion als Wertaufbewahrungsmittel muss man unterscheiden. Auf den ersten Blick sprechen die starken Schwankungen im Kurs des Bitcoins gegen eine

Wertaufbewahrungsfunktion. Der Definition nach beinhaltet diese nämlich ein Versprechen von Stabilität. Darüber hinaus muss sie auch nach dem Verstreichen einer gewissen Zeitspanne dieselbe Kaufkraft besitzen.

Ob das bei Währungen überhaupt jemals der Fall sein kann, ist jedoch dahingestellt. Die Stabilität von Währungen mag zwar per Definition festgesetzt sein, muss deshalb jedoch nicht zwingend erreicht werden. Betrachtet man die teils sehr hohen Inflations- oder Deflationsraten in ökonomisch angeschlagenen Ländern, zeigt sich Stabilität an sich als fragwürdiges Kriterium.

Nichtsdestotrotz ist Bitcoin im Wert instabil. Diese Instabilität – auch Volatilität genannt – zeigt sich gerade in seinem Verhältnis zu *Fiatwährungen*, jedoch auch zu anderen Kryptowährungen. In seiner Grundstruktur ist Bitcoin jedoch letztlich stabil und im Gegensatz zu Euro oder US-Dollar durch die festgesetzte Menge von maximal 21 Millionen Bitcoin gegen eine unkontrollierte Geldmengenausweitung geschützt.

Die dezentrale Verteilung und digitale Speicherung schützt die Kryptowährung zudem gegen institutionelle Gefahren wie Inflation, Pfändung oder auch Fälschungen.

Orientiert man sich also an den Funktionen, die eine Währung erfüllen muss, qualifiziert sich Bitcoin durchaus als Alternative. Ob diese Funktionen letztlich ausreichen, um Bitcoin als Währung zu etablieren, ist nicht sicher. Hier spielen zahlreiche äußere rechtliche, politische und ökonomische Faktoren eine Rolle, die noch genauer betrachtet werden.

Bitcoin kann theoretisch die Funktionen, die eine Währung bereitstellen muss, erfüllen. Technisch ist es möglich, mit Bitcoin eine Tauschfunktion, eine Rechenfunktion, die Funktion als Wertübertragungsmittel und Wertaufbewahrungsmittel zu erfüllen.

Der maßgebliche Aspekt, der Bitcoin jedoch letztlich als Währung qualifiziert, ist das Vertrauen der Nutzer. Der Wert wird ihm – wie bei jeder anderen Währung auch – von außen zugeschrieben. Dieses Vertrauen ist in der Technologie hinter Bitcoin und den Eigenschaften, die sich aus ihr ergeben, verankert.

Dezentral und Pseudo-Anonym

Was Bitcoin als Kryptowährung von *Fiatwährungen* abhebt, ist seine dezentrale Struktur. Während Notenbanken Euro, US-Dollar und andere Währungen kontrollieren, wird Bitcoin von keiner zentralen Institution gesteuert. Vielmehr ist es die darunterliegende Technologie, die *Blockchain*, die die Ausschüttung und Steuerung von Bitcoin regelt.

In der *Blockchain* werden alle getätigten Transaktionen aus dem Bitcoin-Netzwerk aufgezeichnet. Dafür braucht sie keine zentralen Server. Der Zugang zum Netzwerk ist lediglich technisch beschränkt – mit genügend Rechenleistung kann jeder an der Ausschüttung von Bitcoin teilhaben.

Im Gegensatz zu anderen digitalen Bezahlsystemen ist Bitcoin darüber hinaus pseudo-anonym. Anstatt Namen sind nur die jeweiligen Adressen, bestehend aus Zahlen und Buchstaben, einsehbar. Um Transaktionen im Bitcoin-Netzwerk durchzuführen, bedarf es im Gegensatz zum Bankenzahlungsverkehr keiner Identitätsprüfung oder Identitätsoffenlegung. Jeder, der über einen Internetzugang verfügt, kann sich eine Bitcoin-Adresse und eine *Wallet*, eine digitale Brieftasche, zulegen, ohne sie mit seiner Identität verknüpfen zu müssen.

Im Gegensatz zu *Fiatwährungen* braucht Bitcoin keine zentrale Kontrollinstanz. Bitcoin ist dezentral organisiert – Notenbanken sind überflüssig.

Digitale Revolution – Politische Dimension

Das Konzept der Dezentralität bietet ein großes Potenzial für strukturelle Veränderungen. In politischer, gesellschaftlicher und ökonomischer Hinsicht kann nicht nur Bitcoin, sondern auch die *Blockchain*-Technologie zu einem Wandel beitragen.

Dieses Potential führt jedoch zu Kontroversen. Zunächst gibt es Staaten und vor allem Notenbanken, die eng an die Geld- und Währungspolitik geknüpft sind und damit Kontrolle ausüben. Ein dezentrales Zahlungssystem wie Bitcoin kann sich diesem Einfluss zum Teil entziehen. Sowohl Staaten als auch Notenbanken haben nur bedingte Möglichkeiten, die Bitcoin-Zahlungen zu kontrollieren.

Dies gilt auch für Aufsichtsbehörden, die für die Regulierung des Finanzsystems zuständig sind. Auch hier ist es der dezentrale, staatenübergreifende Grundgedanke von Bitcoin, der die Festsetzung von Regeln erschwert. Anders ausgedrückt: Es ist schwierig, eine nationale Regelung für eine internationale Kryptowährung zu finden, die nicht von öffentlichen Institutionen kontrolliert wird.

Keine Frage, auch das gegenwärtige Finanzsystem ist global. Jedoch besteht hier die Möglichkeit, in den Zahlungsverkehr einzugreifen und Standards wie zum Beispiel das SWIFT-Zahlungsverkehrssystem zu setzen. Auch Unterschiede zwischen dem europäischen Zahlungsraum (SEPA-Überweisungen) und nicht-europäischen Zahlungsräumen existieren bei Bitcoin nicht.

Einige Staaten wie etwa China reagierten auf die Gefahr der entgleitenden Kontrolle mit autoritären Maßnahmen. Im Jahr 2017 sprachen Behörden ein Verbot der Herausgabe neuer Kryptowährungen (*Initial Coin Offerings,* kurz*: ICOs)* und Kryptobörsen aus. Das hatte letztlich nur zur Folge, dass die Börsen in benachbarte Staaten wie Singapur oder Hong Kong abwanderten, wo sie von einem gesonderten rechtlichen Status profitieren konnten.

Neben dem drohenden Machtverlust von Staaten spielt hier auch die Stützung staatlicher Währungen eine Rolle. Droht Inflation oder eine Abwertung der nationalen Währung, besteht die Gefahr, dass Menschen ihr Geld in Bitcoin anlegen und damit die Abwertung der heimischen Währung verstärken.

Bitcoins und andere Kryptowährungen können nationale Währungen gefährden, was von Staaten als Gefahr aufgefasst werden kann.

Alles braucht seine Regeln

Die Funktionsweise der *Blockchain*-Technologie entzieht sich der staatlichen und behördlichen Logik wie man sie gegenwärtig kennt. Staaten, Notenbanken und Aufsichtsbehörden sind überfordert, da sie nicht wissen, wie sie ein System regulieren sollen, das nicht zentral zu erfassen oder zu steuern ist. Zwar sind bereits mehrere Positionspapiere von Regierungen und internationalen Institutionen zum Thema digitale Währungen veröffentlicht worden, doch blieben diese ohne konkrete Handlungsanweisungen bezüglich einer Regulierung.

Eine effektive Regulierung und steuerliche Behandlung ist aber nur denkbar, wenn die Pseudo-Anonymität hinter der Bitcoin-Adresse aufgelöst werden könnte. Wie eine solche Offenlegung der Identität technisch wie juristisch umzusetzen wäre, ist umstritten. Die Institutionalisierung juristischer Rahmenbedingungen stößt bei digitalen Währungen an ihre Grenzen.

Dabei ist anzumerken, dass nicht alle Staaten Bitcoin und

Blockchain skeptisch gegenüberstehen. Vor allem im angelsächsischen Raum werden die Vorteile und Chancen der neuen Technologie hervorgehoben.

Das Interesse gilt hier weniger den digitalen Währungen selbst, sondern vielmehr bei der dahinterliegenden Technologie, der *Blockchain*. Schließlich gibt es neben dem Zahlungsverkehr und der Wertaufbewahrung auch noch andere Möglichkeiten, die *Blockchain* zu nutzen. In der *Blockchain* steckt beispielsweise das Potenzial, viele Verwaltungsvorgänge im Sinne eines digitalen, sicheren und transparenten Registers zu optimieren.

Ähnliches gilt für Banken. Auch hier herrscht eine Mischung aus Skepsis und Optimismus. Viele Großbanken und Finanzunternehmen haben sich daher zu einem Konsortium zusammengeschlossen, um gemeinsam das Potenzial der *Blockchain* und der digitalen Währungen zu erforschen.

Die Grundidee des Bitcoin-Systems, ohne zentrale Institution auszukommen, kann von vielen Akteure als Bedrohung interpretiert werden. Gerade Banken und (autoritäre) Staaten sehen ihre Kontrolle gefährdet. Daraus ergeben sich letztlich jedoch auch Chancen – gerade in Ländern mit einer angeschlagenen Wirtschaft können Kryptowährungen eine attraktive Alternative bieten.

Alles Vertrauenssache – Der Wert des Bitcoins

„Der Hauptwert des Geldes besteht in der Tatsache, dass man in einer Welt lebt, in der es überwertet wird." Henry Louis Mencken

Ein häufiger Vorwurf, der immer wieder an die Kryptowährung Bitcoin gerichtet wird, ist, dass sie keinen intrinsischen Wert habe. Dieser Wert, der von innen herauskommt, schreibt Gütern eine Bedeutung zu, die sie von *Fiatwährungen* abhebt.

Solche werden als Warengeld bezeichnet – zu ihnen gehören beispielsweise Güter wie Reis, Tabak, Gewürze oder Ähnliches. *Fiatwährungen* haben im Gegensatz dazu streng genommen keinen intrinsischen Wert – sie beziehen ihren Wert hauptsächlich als Tauschmittel und aus dem Versprechen, es gegen Waren oder Dienstleistungen einlösen zu können. Hier spricht man vom extrinsischen, also einem von außen zugeschriebenen Wert.

Ein Beispiel für die Wertzuschreibung von außen ist

Die Geschichte: Pizza, Politik und Schattenseiten | 25

Gold. Bei dem chemischen Element ist es vor allem die ansprechende Strahlkraft, durch die es sich als Wertanlage etabliert hat. Für Schmuck wurde es bereits seit Jahrtausenden verwendet, seit dem 6. Jahrhundert wird es in Münzen geprägt und als Zahlungsmittel benutzt. Der Glanz des Goldes wird grundsätzlich mit Luxus, Reichtum und Wohlstand gleichgesetzt. Die physikalischen Eigenschaften und der tatsächliche Nutzwert treten gerade bei Gold stark hinter seine gesellschaftliche Wahrnehmung zurück – es gibt wenig Rohstoffe oder Edelmetalle, deren chemische Zusammensetzung so wenig Bedeutung hat wie die des glänzenden Metalls. Es ist letztlich lediglich die flächendeckende Akzeptanz, die den Wert des Goldes ausmacht. Dieser Wert ist kulturell geschaffen.

Neben den Funktionen als Tauschmittel, Recheneinheit, Wertaufbewahrungsmittel und Wertübertragungsmittel, wurde Bitcoin seit seiner Entwicklung vor allem als Spekulationsobjekt verwendet. Viele Menschen haben von Bitcoin gehört, haben das enorme Wachstum gesehen und investiert. Ähnlich dem Gold sind sämtliche Wertzuschreibungen, die bisher beschrieben wurden, dem extrinsischen Wert zuzuordnen.

Die Wertzuschreibung als Spekulationsobjekt, aber auch als mögliche Währung zeigt, dass Kryptowährungen ihren Wert von außen beziehen, also durch die Werte, die ihnen von der Community zugeschrieben werden. Dabei ist es letztlich das Vertrauen in die Währung und in die Technologie, das Bitcoin so attraktiv macht. Bitcoin-Anhänger vertrauen in die Mathematik, das Netzwerk und den Code hinter Bitcoin, während sie das System von Zentralbanken, Staaten und Behörden – zumindest teilweise – in Frage stellen.

Der Wert des Bitcoins ist extrinsisch, er wird von außen zugeschrieben. Er liegt hauptsächlich im Vertrauen der Nutzer begründet. Das teilweise wachsende Misstrauen gegenüber Zentralbanken, Staaten und Behörden macht das Bitcoin-System dabei als Alternative attraktiver.

Ein Auf und Ab – Kursschwankungen bei Bitcoin

Kursschwankungen sind bei Bitcoin und anderen Kryptowährungen keine Seltenheit. Was an den Börsen in Frankfurt, Chicago und New York als Kurssturz oder Crash gilt, lässt die meisten Bitcoin-Händler nicht einmal mit der Wimper zucken. Fünf Prozent Kurszuwachs in drei Stunden? Ganz normales Business.

Auch, dass sich der Kurs innerhalb eines Tages im zweistelligen Prozentbereich ändert, ist keine Seltenheit. Diese Schwankungen gibt es sowohl bei einzelnen Kursen, als auch zwischen verschiedenen Kryptobörsen. Dies hat vor allem einen Grund: Der Bitcoin-Kurs ist nirgends festgeschrieben. Sein Wert ergibt sich aus dem Verhältnis von Angebot und Nachfrage.

Der Preis für einen Bitcoin setzt sich immer daraus zusammen, wieviel ein Verkäufer dafür verlangt und wieviel ein Käufer bereit ist, dafür zu zahlen. Die Börsen nehmen eine vermittelnde Rolle ein und sorgen für eine Einigung zwischen den Parteien. Je nachdem, bei welcher Börse man gerade handelt, setzt sich diese Differenz (abzüglich aufkommender Kosten) unterschiedlich zusammen.

Neben Angebot und Nachfrage spielen auch geopolitische Faktoren eine Rolle. Je nachdem, wo die jeweilige Börse ihren Sitz hat, kann es sein, dass der Preis aufgrund regulatorischer Hürden wie Steuern oder auch durch die wirtschaftliche Lage vor Ort beeinflusst ist. Welche Ausmaße das annehmen kann, zeigt der Fall Simbabwe.

Der Bitcoin-Kurs unterliegt zum Teil starken Schwankungen, er ist volatil. Sein Wert ist nirgends festgelegt und ergibt sich aus dem Verhältnis von Angebot und Nachfrage.

Der Fall Simbabwe: Was Bitcoin wert sein kann

In Simbabwe unterschied sich der Bitcoin-Preis im Jahr 2018 (und früher) extrem vom gängigen Marktpreis. So notierte er im Januar 2018 bei 17.379 US-Dollar. Der durchschnittliche Kurs der gelisteten Börsen lag zum Vergleich bei 11.380 US-Dollar – ein Unterschied von knapp 6.000 US-Dollar pro Bitcoin. Um diesen starken Preisunterschied zu erklären, muss man die wirtschaftliche und politische Lage des Landes begreifen.

Als der autokratische Präsident Mugabe durch das Militär abgelöst wurde, war das Land bereits finanziell ruiniert. Der Simbabwe-Dollar wurde nach einer Inflation von bis zu 230 Millionen Prozent komplett abgeschafft. An seine Stelle trat fortan unter anderem der US-Dollar. Aufgrund mangelnder Exportwirtschaft gab es davon jedoch nicht genügend. Gedruckte, also physisch vorhandene Geldscheine, waren eine Seltenheit.

Selbst der US-Dollar war hier nicht so viel wert, wie er eigentlich wert sein sollte. So hat man im Januar 2017 für

100 US-Dollar physisches Geld 120 elektronische US-Dollar gezahlt. Im November waren es dann schon 180 – wer in Simbabwe also 100 US-Dollar am Automaten abhob, hatte anschließend 180 US-Dollar weniger auf dem Konto. Hinzu kam, dass die Banken den US-Dollar nicht selbstständig drucken können, da es sich um eine Fremdwährung handelt. Die Folge ist, dass an Geldautomaten kaum Geld ausgezahlt werden kann. Überweisungen ins Ausland sind so gut wie unmöglich – selbst die Regierung hat Probleme, Geld ins Ausland zu überweisen. Außerdem gibt es viele Menschen, die im Ausland arbeiten und ihre Familien in Simbabwe unterstützen wollen. Das Problem: Die Banken verschlingen einen Großteil der gesendeten Geldmengen. Es fehlt also an Vertrauen in die Institutionen. Fremdwährungen verlieren in Simbabwe schnell an Wert.

So wurden Rufe nach einer geeigneten Alternative immer lauter. Trotz der immer wieder bemängelten Kursschwankungen der Kryptowährungen schien der Bitcoin hier sicherer als die genannten Optionen. Entsprechend haben viele ihr vorhandenes Vermögen in Bitcoin investiert, um es vor Wertverfall zu schützen. Damit fällt es zum einen nicht der Inflation und den Gebühren der Banken zum Opfer, zum anderen können die Menschen so ihr Vermögen ins Ausland überweisen.

Die zahlreichen Möglichkeiten, die den Bitcoin von herkömmlichen Zahlungsverfahren im Land abheben, machen ihn attraktiver. Durch seinen Nutzen und seine Funktion als Wertspeicher bietet er letztlich einen Mehrwert. Die Menschen haben somit mehr Vertrauen in die Kryptowährung Bitcoin als in alle anderen Alternativen. Gründe dafür sind die Umgehung von Kapitalverkehrskontrollen und die Unabhängigkeit von Banken. Gerade im informellen Sektor bieten Kryptowährungen den Menschen in Simbabwe die Möglichkeit, Vermögen zu sichern und internationalen Handel zu betreiben – ohne befürchten zu müssen, einen Großteil ihres Vermögens an Banken und Staat zu verlieren.

Dadurch können Verkäufer im Gegensatz zu anderen Börsen mehr dafür verlangen und die Käufer sind bereit, mehr dafür zu bezahlen. Vor allem, wenn sie dadurch unsichere Vermögenswerte aus alten Beständen loswerden.

Bei einem Preisunterschied von 6.000 US-Dollar pro Bitcoin stellt sich gleich eine Frage – warum haben die

Menschen nicht einfach Bitcoin nach Simbabwe überwiesen und dort Gewinne eingestrichen?

Die Antwort ist im Prinzip schon beschrieben worden: Das Geld würde das Land vermutlich nicht mehr verlassen. Denn um sich bei einer simbabwischen Kryptobörse zu registrieren, braucht man einen ortsansässigen Bank-Account. Da sämtliches *Fiatgeld* wieder über die zentralen Banken fließt, verliert es entweder an Wert oder geht auf dem Weg verloren. Aus demselben Grund hätten Menschen in Simbabwe auch nicht bei digitalen Börsen im Ausland eingekauft. Das Geld konnte kaum Grenzen passieren, schlichtweg weil es nicht vorhanden ist. Der Bitcoin hatte als Zahlungsmittel und Wertspeicher in Simbabwe also mehr Wert als sein Dollar-Preis. Im Prinzip erhält der Bitcoin in Simbabwe seinen Wert durch seine Anwendbarkeit. In seinem ursprünglich erdachten Sinn als dezentrales Zahlungsmittel und Währungs-alternative ist er also sogar mehr als seinen Preis wert.

In Simbabwe war Bitcoin im Gegensatz zu jeglichen traditionellen Währungen die beste Alternative, um Vermögen aufzubewahren. Menschen, die das Vertrauen in Regierung und Banken verloren haben und mit

Inflation und Armut zu kämpfen haben, sehen Bitcoin als attraktive Perspektive zum vorhandenen Zahlungssystem.

Angebot und Nachfrage – Pizza kann teuer sein

Erinnern wir uns an die Geschichte über die millionenschweren Pizzen. Einige Zeit, nachdem Laszlo seine ersten Pizzen gekauft hatte, schrieb er am 12. Juni 2010:

Das ist übrigens ein offenes Angebot. Ich werde jederzeit 10.000 Bitcoins gegen zwei Pizzen tauschen, so lange ich die nötigen Bitcoins habe (normalerweise habe ich genug). Wenn irgendjemand interessiert ist, sagt mir Bescheid. Der Tausch ist eigentlich für jeden attraktiv, der ihn eingeht. Zwei Pizzen kosten zusammen ungefähr 25 Dollar, vielleicht 30, wenn ihr ein gutes Trinkgeld draufpackt. Wenn ihr mir die extra große Pizza kauft, kann ich auch noch ein paar Bitcoins dazugeben. Sagt einfach Bescheid und wir werden uns schon einig.

Meine einjährige Tochter mag Pizza übrigens auch sehr gerne! Sie schmiert sie sich einfach über das ganze Gesicht, wenn man ihr ein Stück gibt. Irgendwann schafft sie es dann, einen großen Teil davon in den Mund zu bekommen. (Dann fehlen natürlich ein paar Zutaten).

An dieser Veröffentlichung kann man gut nachvollziehen, wie das Prinzip von Angebot und Nachfrage funktioniert. Ganz offensichtlich war das Angebot hier viel höher als die Nachfrage. Laszlo hatte Schwierigkeiten, seine 10.000 Bitcoins loszuwerden, selbst zum Gegenwert von zwei Pizzen von 30 US-Dollar. Laszlo musste erst einen Markt schaffen.

Wie sich jedoch gleich zeigt, würde mit einem rasanten Anstieg im Preis plötzlich auch die Nachfrage steigen – das Angebot jedoch nicht. Das liegt daran, dass die maximale Bitcoin-Menge bereits festgelegt ist. Diese Menge – festgesetzt auf 21 Millionen Coins – wird in einem Prozess errechnet, der sich Mining nennt.

BITCOIN-MINING UND NACHFRAGE

Beim Bitcoin-*Mining* stehen verschiedene Computer miteinander im Wettbewerb. Bei diesem Wettbewerb geht es darum, als erstes eine Rechenaufgabe zu lösen. Wer die Rechenaufgabe als erstes löst, bekommt zur Belohnung Bitcoin. (Näheres im nächsten Kapitel.)

Das Errechnen von Bitcoins wird mit der Zeit immer schwieriger und verlangt zunehmend mehr Rechenleistung. Konnten zu Beginn noch mehrere tausend Coins an heimischen Rechnern geschürft werden, waren im Jahr 2017 schon Farmen (riesige Lagerhallen) voller Computer nötig, um neue Bitcoins zu schürfen. Das liegt daran, dass die Schwierigkeit der Rechenschritte mit jedem neuen Block ansteigt.

Die Ausschüttung neuer Bitcoins wird damit immer geringer – Bitcoins werden, wenn man so will, seltener. Damit steigt auch, zumindest bei vorhandener Nachfrage, der Wert. Die Nachfrage wiederum steigt sowohl mit der wachsenden Bekanntheit, als auch mit der höheren Akzeptanz.

Als Resultat daraus steigt der Wert pro Bitcoin aufgrund der limitierten Verfügbarkeit – zumindest, wenn die Nachfrage steigt. Das Verhältnis von Angebot und Nachfrage hat sich mit dem steigenden Wert des Bitcoins jedoch schnell verändert. Zurück zu Laszlo.

Nachdem einige Zeit vergangen war, am 4. August, sieht die Unterhaltung im Bitcoin-Forum schon ganz anders aus:

MoonShadow: Das Angebot steht, sagst du? Ist schon eine Weile her, seit du Pizza gegessen hast. Hast du Hunger, Laszlo?

Knightmb: 600 Dollar ist doch ein klasse Deal für eine Pizza :D.

Laszlo: Naja, ich dachte echt nicht, dass das Ganze so bekannt wird. Ich kann es mir echt nicht leisten, das weiterzumachen. Ich kann am Tag keine tausende von Coins mehr generieren. Danke an alle, die mir Pizza gekauft haben! Ich halte mich jetzt aber erstmal davon zurück, noch mehr von solchen Geschäften zu machen.

Laszlos Coins waren plötzlich zu wertvoll für Pizza. Nicht nur, weil die Nachfrage gestiegen war, sondern auch, weil er mehr Strom brauchte, um neue herzustellen. Das hat damit zu tun, dass der Miningvorgang immer komplizierter wird – die benötigte Rechenleistung wird mit der Zeit höher, es wird mehr Strom verbraucht.

Außerdem werden Bitcoin mit der Zeit seltener ausgeschüttet. Genauer gesagt wird die ausgeschüttete Menge beim so genannten *Block Halving* regelmäßig halbiert. Das bedeutet, dass die *Miner* ungefähr alle vier Jahre oder alle 210.000 Blocks nur noch die Hälfte an Bitcoins als Entlohnung für ihre Arbeit erhalten. Bis 2012 erhielten die *Miner* 50 Bitcoin pro Block (BTC = Währungskürzel für Bitcoin), nach dem 28. November 2012 waren das nur noch 25 BTC. Ab Juli 2016, weitere

210.000 Blocks später, waren es nur noch 12,5 BTC pro Block. Ab dem Jahr 2021 werden es schließlich 6,25 BTC sein, die für einen erfolgreich geschürften Block ausgegeben werden.

Die Schwierigkeit wird also immer größer und die Entlohnung für das Schürfen von Bitcoin, ausgedrückt in Stückzahl, immer niedriger. Damit die *Miner* weiterhin die gleiche Anzahl Bitcoins generieren können, müssen sie zwangsläufig in neue Hardware investieren, was letztlich zu steigenden Stromkosten führt. Wenn die Nachfrage jedoch weiter steigt und der Bitcoin-Kurs über die Jahre verteilt ebenso steigt, ist die Entlohnung letztlich auch viel höher – es rechnet sich.

Das Angebot ist letztlich begrenzt. Wie man dabei an der Preisentwicklung ablesen kann, ist auch die Nachfrage immens gestiegen. Das hat mit dem bereits beschriebenen Vertrauen der Menschen in die Währung zu tun. Gerade gegenüber dem traditionellen Bankensystem zeichnet sich Bitcoin durch einige Vorteile aus. Zum Abschluss nochmal die Vorteile im Überblick:

KOSTEN

Die Transaktionsgebühren werden durch verschiedene Faktoren berechnet. Je höher die Gebühr, desto schneller wird die Transaktion abgewickelt. Jeder Anteil einer Transaktion, der nicht vom Empfänger oder als Wechselgeld aufgenommen wurde, wird als Gebühr gesehen. Diese geht dann als Bonus an den *Miner*, der es geschafft hat, den Transaktionsblock fertig zu berechnen. Die Transaktionsgebühren liegen bei Auslandsüberweisungen jedoch meist deutlich unter den banküblichen Transaktionskosten. Hier ist es vor allem wichtig, dass die Transaktionskosten unabhängig von der Reichweite der Überweisung sind. Es ist egal, ob die Bitcoins von Berlin nach Brandenburg oder von der Antarktis in die Arktis gesendet werden.

SCHNELLIGKEIT

Bitcoin kann überall hin versendet werden und es dauert nur wenige Minuten, bis das Netzwerk die Zahlung bestätigt. Auch hier spielt die Entfernung, wie bei den Transaktionskosten, keine Rolle. Sowohl bei den Kosten als auch bei der Schnelligkeit muss man jedoch anmerken, dass die Größenordnungen bei Bitcoin noch nicht ganz ausgelotet sind. Daher können beide Faktoren je nach Auslastung des Netzwerks variieren.

VERFÜGBARKEIT

Bitcoin ist prinzipiell jedem zugänglich, der über einen

Internetzugang verfügt. Gerade für Menschen, die aus sozial-politischen Gründen keinen Zugang zu Banken haben, kann dies ein Vorteil sein. Ein Bitcoin-Konto oder *Wallet* lässt sich mit weniger Hürden erstellen, als so manches Bankkonto. Man benötigt lediglich einen Internetzugang – der Nachweis von Wohnsitz, Namen, Adresse oder Gehalt fällt bei Bitcoin weg.

SICHERHEIT

Bitcoin selbst ist sicher und eignet sich daher nicht nur als Währung, sondern auch als Anlagegut. Die Ursachen für die in der Vergangenheit durch diverse Hackerangriffe gestohlenen Bitcoin sind nicht in einer mangelnden Sicherheit von Bitcoin zu suchen, sondern bei den nicht ausreichend geschützten Bitcoin-Börsen und Dienstleistern.

TRANSPARENZ

Das Netzwerk speichert jede Transaktion in einem Register, der *Blockchain*. Wenn jemand eine öffentliche Bitcoin-Adresse besitzt, kann jeder einsehen, wie viele Bitcoins auf diesem Konto sind. Viele Nutzer verwenden dennoch wechselnde Adressen und schicken nur Teile von ihren Bitcoins an eine Adresse, wodurch der Grad der Anonymität erhöht wird.

Die Geschichte: Pizza, Politik und Schattenseiten | 39

Bitcoins werden durch *Mining* geschürft. Dabei stehen verschiedene Computer miteinander im Wettbewerb. Wer die Aufgabe richtig löst, erhält zur Belohnung Bitcoin. Die Höchstmenge von Bitcoin ist auf 21 Millionen begrenzt, wodurch die Kryptowährung vor Inflation durch unkontrollierte und expansive Geldmengenausweitung geschützt ist.

Die dunkle Seite des Bitcoins

Gerade in seiner Anfangszeit war Bitcoin für die dunkle Seite der Gesellschaft interessant. Die Fähigkeit, in Sekundenschnelle Landesgrenzen überwinden zu können und darüber hinaus die Privatsphäre zu schützen, lockte all jene auf den Plan, die ihre Geschäfte nicht an der Oberfläche machen konnten. So bildeten sich Schwarzmärkte, die – ganz wie in der realen Welt – nicht für alle zugänglich sind.

Um sich vorstellen zu können, wo man diese Schwarzmärkte findet, wird häufig das Bild eines Eisberges bemüht. Das, was man für gewöhnlich sieht, ist nur die Spitze. Darunter, tief im Wasser verborgen, befindet sich jedoch noch viel mehr. So verhält es sich auch beim Internet.

Die Spitze dieses Eisberges sieht jeder Internetnutzer zu jeder Zeit: Suchmaschinen, Nachrichtenseiten, Shopping- und Streamingdienste, Enzyklopädien. Eben alles von Amazon bis Wikipedia.

Je nach Zielgruppe und Brisanz der Themen ist jedoch von dieser Oberfläche aus weitaus mehr im Internet zu finden – insgesamt gibt es die drei Stufen *Suchmaschinen*, *Deep-Web* und *Darknet*, um Inhalte in den Weiten des Netzes aufzuspüren.

Suchmaschinen fischen nur den oberen Teil, also den Teil der explizit für *Suchmaschinen* freigegeben wurde, aus dem Internet ab – das Paralleluniversum des Internets, das *Deep-Web* oder gar das *Darknet*, bleibt den meisten Nutzern des Internets hier verborgen.

DEEP-WEB

Unter der Oberfläche des Internets befindet sich das *Deep-Web*. Um dieses tiefe Netz ranken sich vor allem die Mythen, ein Anlaufpunkt für Kriminelle zu sein. Drogen, Pornographie, Menschen- und Waffenhandel – alles ist hier möglich. Doch die dunkle Seite muss nicht nur schattig sein: Abgesehen davon bietet das *Deep-Web* auch Freiraum für Informationsbeschaffung – gerade für Menschen, die mit Zensur zu kämpfen haben, kann das ein Vorteil sein.

So sind beispielsweise oftmals Bibliotheken, Fach-informationen oder Preisinformationen von der Websuche bewusst ausgeschlossen. Die Crawler der *Suchmaschinen* müssen hier draußen bleiben und haben keine Chance, bestimmte Seiteninhalte in den Index der Suchmaschinen zu laden.

DARKNET

Das *Deep-Web* ist im Vergleich zum Clear-Web schon tieferes Gewässer, doch hier befindet man sich immer noch in den höheren Regionen des Eisbergs. Wandert bzw. taucht man ihn weiter hinunter, kommt man irgendwann beim Darknet an. Dieses befindet sich schon sehr tief im Ozean unter dem Internet. Hier tummeln sich die schattigen Kraken, blinden Fische und sicher auch einige Tiefseemonster, mit denen man wahrscheinlich eher ungern in der Badewanne sitzen würde.

In diesen Tiefen gibt es eine Parallelwelt, in der alles geteilt wird, was an der Oberfläche unerwünscht und verboten ist. Ein Spiegelbild für Teile der Gesellschaft also, die an der Oberfläche verfolgt und vertrieben, oft auch einfach ignoriert werden. Was dort unten passiert, passiert auch in der realen Welt.

Während das *Deep-Web* bereits an der Grenze zu den illegalen Inhalten kratzt, befindet man sich im *Darknet* mitten drin.

Und für solche Plätze ist eine digitale Währung, die Privatheit verspricht, attraktiv. Bitcoin war hier Vorreiter. Doch mit der Zeit war Bitcoin nicht mehr anonym genug – Pseudo-Anonymität reichte nicht mehr aus. So entstanden anonymere Alternativen wie Monero, die sich dort unten großer Beliebtheit erfreuen.

Das Surfen im *Darknet* an sich ist nicht illegal. Sobald man jedoch beginnt, über Waren zu verhandeln und Geschäfte abzuschließen, begibt man sich in giftiges Gewässer.

Unter dem Internet verbergen sich weitere Schichten. Im *Deep-Web* gibt es zugriffsbeschränkte Inhalte, im *Darknet* unter anderem Schwarzmärkte. Aufgrund seiner PseudoAnonymität war Bitcoin hier vor allem zu seinen Anfangszeiten ein beliebtes Zahlungsmittel, inzwischen etablierten sich jedoch anonymere Alternativen.

Roadmap – Vom Platzen der Blasen

HISTORISCHE PREISENTWICKLUNG

Das Verhältnis von Angebot, Nachfrage und Wert des Bitcoins ist nun bekannt. Auch wie er Letzteren gewann: Indem Laszlo seine Bitcoins für Pizzen anbot, hatte er ein erstes Angebot und damit letztlich auch die Nachfrage schaffen können. Auch wenn es ein wichtiger Dienst am Bitcoin war – hätte er gewusst, was 10.000 Bitcoins einmal wert sein würden, hätte er sich den Verkauf seiner Pizzen vielleicht zweimal überlegt. Hier eine Übersicht der Preisentwicklung des Bitcoins.

Das Jahr 2010

Anfangskurs: 0,00076 USD

Endkurs: 0,30 USD

Jahreshoch: 0,30 USD

19. Juli: Bitcoin bekommt erstmals einen wirklich messbaren Gegenwert – 1 BTC = 0,07 US-Dollar.

31. Dezember: Am Ende des Jahres lag der Wert für einen Bitcoin bereits bei 0,30 US-Dollar. Bitcoin erreichte erstmals ein Marktvolumen von über 1 Mio. US-Dollar.

Das Jahr 2011

Anfangskurs: 0,30 USD

Endkurs: 4,72 USD

Jahreshoch: 31,91 USD

9. Februar: Bitcoin erreicht auf der Bitcoin-Börse Mt.Gox erstmals einen Wert von 1 USD pro Bitcoin.

2. Juni: Bitcoin erreicht auf der Bitcoin-Börse Mt.Gox einen Wert von 10 USD pro Bitcoin.

8. Juni: Der Kurs klettert am 8. Juni auf seinen damaligen Höchstwert von 31,91 US-Dollar (Mt.Gox).

12. Juni: Die erste Bitcoin-Blase (The Great Bubble of 2011) platzt und der Kurs fällt auf 10 USD.

Das Jahr 2012

Anfangskurs: 5,27 USD

Endkurs: 13,45 USD

Jahreshoch: 13,51 USD

16. August: Der Bitcoin-Kurs erreicht den Jahreshöchstwert von 13,51 USD.

Die Geschichte: Pizza, Politik und Schattenseiten | 45

28. November: *Block Halving* Day I – Es findet das erste *Bitcoin-Halving* statt und die Belohnung pro Block halbiert sich von 50 auf 25 BTC. Der Kurs zeigt sich mit 12,35 USD unbeeindruckt.

Das Jahr 2013

Anfangskurs: 13,30 USD

Endkurs: 757 USD

Jahreshoch: 1.242 USD

22. Februar: Bitcoin erreicht erstmals seit 2011 wieder einen Wert von 30 USD.

28. Februar: Bitcoin erreicht eine neues 601-Tage-Allzeithoch und knackt erstmals die 31,91 USD aus dem Jahre 2011.

11. März: Zwei unterschiedliche Bitcoin-Versionen verursachen ein Pausieren aller Transaktionen und der Kurs fällt um 23 Prozent auf 37 USD. Er erholt sich jedoch wieder schnell.

21. März: Der Preis pro Bitcoin steigt um 70 Prozent auf 74,90 US-Dollar an.

28. März: Das Bitcoin-Marktvolumen erreicht 1 Mrd. US-

Dollar.

April: Bitcoin erreicht erstmals einen Wert von 100 US-Dollar.

10. April: Neues Allzeithoch bei 266 US-Dollar. Nur ein Jahr zuvor lag der Preis pro Bitcoin bei 13 US-Dollar.

16. April: Der erste große Bitcoin-Crash – der Kurs fällt zurück auf 68,36 US-Dollar, die Blase war geplatzt.

Oktober: Der Bitcoin-Online Schwarzmarkt Silk-Road wird gesperrt und der Preis pro Bitcoin fällt von 139 US-Dollar auf 109 US-Dollar. Kurz darauf erholt sich der Kurs mit 128 US-Dollar.

6. November: Bitcoin erreicht mit 269 US-Dollar ein neues Allzeithoch. Kurz zuvor verkündete der chinesische Online-Händler Baidu, zukünftig Bitcoins als Zahlungsmittel zu akzeptieren.

17. November: Bitcoin erreicht um 11:50 GMT 503,10 US-Dollar (Mt.Gox).

19. November: Bitcoin knackt die 1.000 US-Dollar Marke.

29. November: Bitcoin erreicht bisherige Höchstmarke

von 1.242,00 US-Dollar.

18. Dezember: Die chinesische Zentralbank zieht in Erwägung, Bitcoin zu verbieten – Kurssturz auf 522 US-Dollar.

Das Jahr 2014

Anfangskurs: 770 USD

Endkurs: 320 USD

Jahreshoch: 651,39 USD

10. April: Die chinesische Bank ICBC kündigt der Bitcoin-Börse Huobi – Kurssturz auf 361 US-Dollar.

12. Juni: Expedia akzeptiert Bitcoin-Zahlungen – Bitcoin liegt wieder bei 627 US-Dollar.

Juni bis Dezember: Bitcoin verliert an Fahrt und fällt konstant und fällt bis Jahresende auf 318 US-Dollar.

Das Jahr 2015

Anfangskurs: 314 USD

Endkurs: 430,05 USD

Jahreshoch: 465,50 USD

Januar bis Juli: Konstanter Kursverlauf in einer Spanne von 220 bis 260 US-Dollar.

4. November: Bitcoin knackt nach einem Jahr mit 408,74 US-Dollar erneut die 400er Marke.

Das Jahr 2016

Anfangskurs: 434,46 USD

Endkurs: 968,23 USD

Jahreshoch: 968,23 USD

Januar: Mike Hearn erklärt Bitcoin für gescheitert und verlässt das Entwicklerteam. Die US-Börse Cryptsy geht nach Diebstahl von knapp 13.000 BTC und ähnlich vielen Litecoin pleite. Der BTC-Kurs fällt auf 361 USD.

Juni: DAO Token Sale auf Ethereum-Basis in Höhe von 11,5 Mio. Ether (ETH). Hacker stahlen ca. ein Drittel der eingesammelten ETH. Der Kurs von BTC stieg in dieser Zeit auf bis 760 USD und fiel in Folge des Hacks wieder auf 570 USD.

23. Juni: Tag des Brexits, auf den der BTC-Kurs mit einem Anstieg von 590 USD auf 620 USD reagierte.

9. Juli: *Block Halving* von 25 BTC auf 12,5 BTC pro

Block. Der Kurs zeigt sich davon unbeeindruckt und steht bei knapp 650 USD.

3. August: Bitfinex-Hack, bei dem 120.000 BTC verloren gingen. Der BTC-Kurs fiel von 564 USD auf 466 USD innerhalb weniger Stunden.

Ab Oktober: Die letzten Monate des Jahres wies der BTC-Kurs einen Aufwärtstrend auf. In diesem Zeitraum fand die Wahl Trumps statt. Zudem verloren *Fiatwährungen* in China, Indien, oder Venezuela, was für die Betroffenen die Bewegung hin zu Bitcoin als Flucht in die Sicherheit attraktiv machte.

Das Jahr 2017

Anfangskurs: 993,89 USD

Endkurs: 12.980,90 USD

Jahreshoch: 20.035,90 USD

5. Januar: neues Allzeithoch von 1.145,31 USD

Februar: Der BTC-Kurs steigt bis auf 1.277,50 USD.

März: Nach Ablehnung des Winklevoss-ETF durch die SEC fiel der Kurs im März auf bis zu 963,63 USD.

April – Mai: Aufgrund steigender Akzeptanz in Indien und Japan, sowie der Öffnung der Börsen in China konnte der Kurs auf 2.757,77 USD ansteigen.

Juni: Fast wäre das Flippening – die Ablösung von BTC an der Spitze durch ETH – Realität geworden.

August: Die Aktivierung von *SegWit* und der Bitcoin-Cash-*Hard-Fork* steigerten das Interesse an Bitcoin. In der Folge stieg der Kurs auf 4.388,30 USD an.

September: *ICO*-Verbot in China – Der Preis fiel auf 3.230,70 USD zurück.

Oktober: Bitcoin-Cash-Attacke und Segwit2x-Absage ließen den Kurs kurzfristig fallen.

Dezember: Start der BTC-Future-Zertifikate an der CBoE und der CME – BTC-Kurs stieg auf bis zu 20.035,90 USD.

Ende Dezember: Hohe Transaktionsgebühren und großes *Mempool* im BTC-Netzwerk – Der Preis sank auf 14.181,90 USD.

Das Jahr 2018

Anfangskurs: 14.154 USD

Die Geschichte: Pizza, Politik und Schattenseiten | 51

Januar: Starke Kurseinstürze von mehr als 50 Prozent bei allen Kryptowährungen – BTC-Kurs fällt bis auf 9.634,14 USD. Regulierungsankündigungen in Südkorea sorgen für Unruhe unter Anlegern.

Februar: BTC-Kurs fällt weiter auf bis zu 6.194,33 USD. *Lightning*-Netzwerk wächst, sodass das der *Mempool* kleiner und die Transaktionskosten deutlich geringer werden – der BTC-Kurs erholt sich.

April: BTC-Kurs bewegt sich zwischen 6.000 und 8.000 USD.

Kapitel 2: Die Technologie: Lange Ketten, kurze Gabeln

Blockchain – Eine Kette aus Datenblöcken

Um noch weiter hinter den Schleier des Bitcoins sehen zu können, muss man sich genau umsehen – und zwar in den Tiefen des Internets. Dort findet man nach einigem Suchen eine Nachricht Satoshi Nakamotos zu den Grundzügen von Bitcoin:

„Mit einer digitalen Währung, die auf kryptographischen Beweisen basiert – ohne das Vertrauen auf einen Mittelsmann – können Gelmengen sicher und Transaktionen effizient sein. Einer der fundamentalen Bausteine für ein solches System sind digitale Signaturen. Eine digitale Münze enthält den Public Key seines Inhabers. Um sie zu übertragen, unterschreibt der Besitzer sie zusammen mit dem Public Key des nächsten Besitzers."

Spätestens hier brechen Laien, jedoch sicher auch der ein oder andere Enthusiast wieder ab. Von was redet Satoshi da schon wieder? Digitale Signaturen? *Public Key*? Um das begreifen zu können, muss man das Grundgerüst von Bitcoin verstehen – die *Blockchain*.

Wie man dem englischen Namen entnehmen kann, kann man sich die Blockchain zum Beispiel als eine Kette (Chain) aus Blöcken (Block) vorstellen. Diese Blöcke enthalten Informationen über einzelne Datenpakete, die verschickt werden – als Transaktionen. Je mehr solcher Transaktionen auf der Blockchain gespeichert werden, umso länger wird sie. Und umso komplizierter.

Die Blockchain ist letztlich ein digitales Kontenbuch. Von ihr kann man die Informationen über die einzelnen Transaktionen ablesen. Sie bildet außerdem eine Infrastruktur für ein Netzwerk. Das Besondere daran ist, dass jeder Teilnehmer im Netzwerk Zugriff auf die Daten hat, es ist frei einsehbar.

Das Netzwerk wiederum setzt sich aus den Teilnehmern zusammen, die sich durch Download der Software an das Netzwerk angeschlossen haben. Server, die von Unternehmen oder Institutionen an einem bestimmten Ort betrieben und zentral kontrolliert werden, sind damit nicht nötig. Jeder einzelne Rechner, egal an welchem Ort er steht, stellt die Infrastruktur für das Netzwerk bereit. Damit werden – zumindest theoretisch – Mittelsmänner wie Banken, Notare oder zentrale Serverbetreiber überflüssig. Denn das alles übernimmt die Technologie und die Vereinigung der Teilnehmer.

Man kann sich das in etwa so vorstellen: Überall auf der Welt stehen Computer, die eine Kopie der *Blockchain* gespeichert haben. Anstatt eines einzelnen Unternehmens wie etwa Google oder Facebook, nimmt zwar jeder Teilnehmer an der *Blockchain* teil, sie gehört aber streng genommen nur sich selbst.

Die Informationen, die in diesem Netzwerk geteilt werden, kettet die *Blockchain* nacheinander in Blöcken an. Die Elemente, die die Blöcke miteinander verbinden, sind Prüfsummen oder auch *Hashs*. Sie sind in jedem neuen Block enthalten und transportieren damit Informationen der vorigen Blöcke weiter.

Dabei beinhaltet jeder Block einen *Hash* des vorherigen Blocks. Der *Hash* ist eine algorithmische Funktion in Form einer Zeichenfolge, die als Grundlage dazu dient, eine digitale Signatur zu erstellen. Anwendung findet hier der SHA-256-Hashing-Algorithmus, der nach dem Trial-and-Error-Prinzip arbeitet. Er probiert so lange aus, bis er keine Fehler mehr findet. Derjenige, der als erster eine 256-Bit lange Nummer durch Zufall richtig berechnet hat, darf den neuen Block erstellen. Die Nummer, die dann errechnet wird ist das *Target*. Das *Target* muss der *Hash*-Funktion des vorigen Blocks so entsprechen, dass sie gleich oder kleiner dem *Target* ist.

Dadurch sichert sich die *Blockchain* vor Fälschungen ab. Man kann das digitale Kontenbuch zu jeder Zeit von außen einsehen und überprüfen. Der Inhalt der Transaktionen ist hier weniger wichtig. Es kommt darauf an, wann und wie Transaktionen stattgefunden haben – und ob sie echt sind.

Die einzelnen Blöcke enthalten also Daten über Transaktionen. Sie sind innerhalb des Blocks ihrerseits in Datenstrukturen gespeichert, die man *Merkle Trees* nennt. Kommen neue Informationen hinzu, erstellt die *Blockchain* neue Blöcke.

Weil sich alle Blöcke miteinander verbinden, enthält jeder Block die Informationen über die vorigen Blöcke – eine lange Kette, die mit jedem neuen Block sicherer wird.

Mit den Signaturen, den elektronischen Unterschriften, stellt die *Blockchain* also sicher, dass die Reihe vom letzten bis zum ersten Block (der sogenannte Genesis-Block) nachvollziehbar bleibt. Damit auch die Reihenfolge korrekt bleibt, enthält jeder neue Block den

Hash-Wert seines Vorgängers. Wenn ein Block erst einmal steht, kann man ihn nicht mehr verändern – die Kette wird noch sicherer.

Jeder Block muss außerdem durch komplexe, algorithmische Berechnungen neu erstellt werden. Allerdings nimmt der Schwierigkeitsgrad der Rechenaufgaben mit steigender Block-Anzahl zu. Sobald die Netzwerkteilnehmer eine solche Rechenaufgabe gelöst haben, reiht sich der nächste Block in die Kette ein.

Dadurch entsteht ein Hindernis – je mehr Blöcke dazu kommen, desto komplizierter werden die Rechenschritte und desto länger dauert es entsprechend, bis man neue Blöcke errechnen kann. Diese Schwierigkeit in der Größenordnung nennt man Skalierung.

Nun muss die *Blockchain* die neuen Transaktionen und Informationen überprüfen. Hier arbeitet die *Blockchain* autonom und wendet ein so genanntes Konsensverfahren an. Dieses Konsensverfahren, *Proof-of-Work*, überprüft durch Rechenschritte, ob die Informationen ihre Richtigkeit haben.

Insgesamt lassen sich mit der *Blockchain*-Technologie nicht nur Kryptowährungen wie Bitcoin verwalten.

Vielmehr bietet das Grundgerüst der *Blockchain-*
Technologie eine Möglichkeit, um sämtliche Daten-
ströme, die man überprüfen muss, zu koordinieren.

Die *Blockchain* ist ein dezentrales digitales Kontenbuch,
das das Übertragen von Datenströmen verwaltet. Diese
Transaktionen werden automatisch geprüft. Da mit jedem
neuen Block die vorigen Transaktionen überprüft werden,
wird die Kette immer länger und sicherer und die neuen
Rechenschritte werden komplizierter.

Wie der Bitcoin auf die Blockchain kommt

Nun weiß man also in Grundzügen, wie diese neue
Technologie funktioniert. Eine Kette, die aus Datenblöcken besteht, immer länger wird und aus der Summe
ihrer einzelnen Mitglieder besteht.

Auch weiß man im Groben, was es mit Bitcoin auf sich
hat. Eine digitale Währung – verschlüsselt, pseudo-
anonym und dezentral –, die sehr viel Potential in sich
trägt. Um begreifen zu können, wie die Technologie und
die Kryptowährung zusammengehören, darf man seine
Vorstellungskraft ein bisschen schweifen lassen.

Zum Beispiel in die USA. Dort arbeitet ein mexikanischer Ingenieur Paúl. Da er in den Vereinigten Staaten mehr Lohn für seine Arbeit bekommt als zuhause, möchte er seiner Mutter gerne Geld senden. Da ihm die Gebühren der Banken und anderen Anbietern zu hoch sind und er obendrein befürchtet, seine Mutter könnte auf dem langen Weg zum Bankschalter stürzen, entscheidet sich Paúl für Bitcoin.

Da er seiner Mutter vorher die Bitcoin-Bibel bestellt hat und sie nun weiß, wie das alles funktioniert, wartet sie bei einer Tasse Tee vor ihrem Computer und freut sich darüber, als die Benachrichtigung eintrifft, dass auf ihrer *Wallet* Bitcoins eingegangen sind.

Im Gegensatz zur klassischen Banküberweisung muss das Geld keine Umwege über andere Banken oder Vermittlungsstellen nehmen, sondern kann direkt von Paúl an seine Mutter überwiesen werden – ganz ohne Bank.

Da es keine Mittlerinstanzen gibt, verwaltet die *Blockchain*-Technologie das digitale Geld. So besitzt jeder Betreiber einer *Full Node*, eines großen Knotenpunktes, eine Kopie der gesamten *Blockchain*. Das bedeutet, dass jeder Teilnehmer sämtliche Kontostände des gesamten Netzwerks einsehen kann. Um die (Pseudo-)Anonymität und Privatsphäre zu gewährleisten, trägt die *Blockchain* keine Namen in das Transaktionsprotokoll ein.

Um zu wissen, wohin er seine Bitcoins schicken sollte, musste Paúl die Bitcoin-Adresse seiner Mutter kennen. Diese Adresse ist eine Kette von 27 bis 34 alphanumerischen Zeichen, die mit einer 1 oder 3 beginnen. Die Adressen können von jedem Teilnehmer kostenlos und beliebig oft generiert werden, ähnlich wie eine E-Mail-Adresse.

Damit die Transaktion funktioniert, braucht die *Blockchain* eine Art Unterschrift, die sicherstellt, dass die Nachricht von einem echten Bitcoin-Besitzer kommt. Anstatt eine handschriftliche Unterschrift arbeitet das Bitcoin-System mit einer Unterschrift, die mit mathematischen Algorithmen errechnet wird.

Diese Unterschriften sind die *Private Keys*. Sie sind in der *Wallet*, der digitalen Brieftasche, gespeichert. Sie werden benötigt, um gemeinsam mit der Transaktionsnachricht eine digitale Signatur zu erstellen.

Ohne diesen *Private Key* kann man nicht auf die Bitcoins zugreifen. Für eine Transaktion werden die *Private Keys* zusammen mit der Transaktionsnachricht einer kryptografischen Funktion zugeführt. Eine weitere Funktion überprüft anschließend diese verschlüsselte Funktion. So kann man die digitale Signatur bestätigen, um sicher zu sein, dass Besitzer und Transaktion echt sind und zusammengehören. Die digitalen Signaturen haben dabei den Vorteil, dass sie im Gegensatz zur handschriftlichen Unterschrift nicht kopiert oder wiederverwendet werden können. Jede Signatur ist einmalig.

Paúl hat alles richtiggemacht. Von seiner digitalen Brieftasche aus hat er seine Bitcoins an seine Mutter geschickt. Im Prinzip musste er dafür nicht viel tun – mit einigen wenigen Klicks konnte er die Bitcoins losschicken. Das digitale Kontenbuch hat anschließend den Rest erledigt – die *Blockchain* hat seinen *Private Key* überprüft. Nur so konnte sie sicher sein, dass es die Bitcoins, die nach Mexiko geschickt werden sollten, auch tatsächlich gibt. Damit es dabei nicht zu Überschneidungen kommt, hat sie die Transaktionen in eine Warteschleife eingereiht.

Denn ein weiterer wichtiger Aspekt der *Blockchain* ist die Reihenfolge der Transaktionen. Mit digitalen Signaturen kann sie zwar überprüfen, von wem die Transaktion veranlasst worden ist, nicht aber, wann und zu welchem Zeitpunkt dies geschah. Dadurch, dass das Netzwerk über den gesamten Globus verteilt ist, kann es zu Zeitverzögerungen kommen. Wenn ein Konto nun nicht gedeckt ist, kann dies zu Schwierigkeiten führen. Ein Problem, das man von ungedeckten Schecks kennt.

Die Hauptgefahr bei der *Blockchain* ist das *Double Spending*, also die Möglichkeit, zur gleichen Zeit dieselben Bitcoins doppelt auszugeben. Um das zu verhindern, kommen alle neu erzeugten Transaktionen in eine Warteschleife. Von dort aus werden sie in eine Transaktionskette eingeordnet und die Reihenfolge festgelegt.

Anschließend findet eine Lotterie statt, in der festgelegt wird, welche Transaktion als Nächstes an der Reihe ist. Dazu suchen sich die Teilnehmer eine Transaktion aus der Warteschleife aus und versuchen, ein mathematisches Problem zu lösen. Umso mehr Rechenleistung ein Teilnehmer für die Berechnung bereitstellt, umso höher ist die Wahrscheinlichkeit, die Aufgabe schnell zu lösen

– schließlich kann er somit mehr ausprobieren. Ziel dieser Rechenaufgabe ist es, dass die Transaktion mit dem Ende der Transaktionskette verknüpft wird. Die Person bzw. deren Hardware, die als erstes die Aufgabe löst, darf die Transaktion mit dem Ende der Kette verknüpfen. Als Belohnung erhält der Computer und die dazugehörige Person Bitcoins.

Von alldem hat Paúl jedoch herzlich wenig mitbekommen. Alles, was er bemerkt hat, war, dass seine Mutter das Geld deutlich schneller bekommen hat als beim letzten Mal. (Er hatte es zuvor tatsächlich per Post verschickt.)

Die Bitcoin-*Blockchain* arbeitet mit digitalen Unterschriften, um die einzelnen Transaktionen zu überprüfen. Jeder Nutzer von Bitcoin besitzt einen solchen *Private Key*, der die Bitcoins zwar klar zuordnet, sie jedoch nicht mit Namen verknüpft.

Bitcoin-Mining – Das Schürfen der digitalen Münze

Am 4. August 2010 schreibt Laszlo auf bitcointalk.org:

Also ich habe nicht erwartet, dass das so bekannt wird. Ich kanns mir wirklich nicht mehr leisten, Tausende von

Coins am Tag zu generieren. Ein großes Dankeschön an alle, die mir schon Pizza gekauft haben, aber ich halte mich gerade etwas zurück, noch mehr von diesen Deals zu machen.

Dass Laszlo es sich bald nicht mehr leisten konnte, seine Bitcoins gegen Pizza zu tauschen, lag an mehreren Dingen. Die gestiegenen Stromkosten, der damit verbundene erhöhte Rechenaufwand und eine geringere Ausschüttung – allesamt Gründe, die mit dem Schürfen von Bitcoin, dem *Mining* zusammenhängen.

Mining ist der Rechenprozess, bei dem neue Bitcoin entstehen. Während die *Blockchain* Block an Block aneinanderreiht, schürfen die Miner um die Wette. Um die Transaktionen möglich zu machen, müssen die *Miner* Rechenschritte lösen – wer die richtige Lösung errechnet, bekommt zur Belohnung Bitcoins. Damit es dabei mit rechten Dingen zugeht, müssen sie beweisen, dass sie richtig arbeiten – mit dem *Proof-of-Work*-Verfahren.

Proof-of-Work: Errechnete Übereinstimmung

Proof-of-Work ist das Konsensverfahren, mit dem die *Blockchain* absichert, dass jeder Teilnehmer genügend Arbeitsleistung in die Berechnungen steckt.

Diese Teilnehmer, oder auch *Miner*, sind streng genommen Computer, die komplexe Rechenaufgaben lösen.

Neben den *Minern* sind es Knotenpunkte (*Nodes*), die dafür sorgen, dass das Bitcoin-Netzwerk weiterläuft. Die Hauptaufgabe dieser *Nodes* ist das Beobachten und Bestätigen von Bitcoin-Transaktionen, um vor allem dem Problem des *Double Spendings* entgegen zu wirken. Je mehr *Nodes* es gibt, also Personen, die ihre Rechnerleistung dem Netzwerk zur Verfügung stellen, umso schneller und sicherer kann das Bitcoin-Netzwerk betrieben werden.

Um das Ganze nochmal abzusichern, werden die *Nodes* von *Full Nodes* überwacht. Sie sorgen dafür, dass bei den Berechnungen alle Regeln eingehalten werden. Der Grund dafür ist, dass einfache *Nodes* nur dem Netzwerk folgen und theoretisch auch von den Bitcoin-Kernregeln, beispielsweise bezüglich Datenformat oder Blockgröße, abweichen könnten.

Im Gegensatz zum Bitcoin-*Mining* gibt es für die *Nodes* aber keine finanzielle Gegenleistung. Dies führt zu dem Problem, dass es einen chronischen Mangel an *Nodes* und insbesondere *Full Nodes* gibt. Um sicherzustellen, dass die Rechenschritte angemessen kompliziert sind, werden sie künstlich erschwert. Hier spricht man von *Difficulty*.

Beim Bitcoin-*Mining* schürfen *Miner* um die Wette. Wer es als erstes schafft, komplizierte Rechenaufgaben zu lösen, bekommt zur Belohnung Bitcoin. Die Aufgaben werden künstlich erschwert – durch die *Difficulty*.

Difficulty: Künstliche Schwierigkeit

Beim Bitcoin-*Mining* spricht man oft von „komplizierten Rechenschritten", die die Rechner lösen müssen, um Bitcoins zu schürfen. Das liegt daran, dass die beschriebenen *Hashs* (die Informationen enthalten) bestimmte Eigenschaften haben müssen. So haben sie ein *Target*: Der *Hash* muss mit einer bestimmten Menge Nullen beginnen. Um das zu sichern, enthält der *Hash* einen Zähler, der so lange verändert wird, bis die Anzahl der Nullen zu Beginn des *Hashs* dem Ziel entspricht. Dieser Zähler, man stelle ihn sich wie einen Stromzähler vor, nennt man *Nonce*.

Die Funktion der *Nonce* ist es, bestimmte Berechnungen auszuschließen. Die Größe, die die Schwierigkeit bemisst, um einen neuen Block zu erzeugen, ist letztlich die *Difficulty*.

Diese künstliche Schwierigkeit liegt bei ungefähr eins zu drei Milliarden. Die (Un)Wahrscheinlichkeit, den komplizierten Rechenschritt auf Anhieb zu lösen, liegt entsprechend bei 1: 3.000.000.000. Da das Errechnen neuer Blocks zeitlich festgesetzt ist – alle 10 Minuten soll ein Block erzeugt werden –, wird diese Schwierigkeit der Rechnung mit der Zeit angepasst.

Bitcoin-*Miner* stehen also letztlich im Wettbewerb, den richtigen Block zu finden. Neben dem *Mining*-Reward bekommen die *Miner* einen Anteil an den Transaktionsgebühren. Sie können, je nachdem welche *Wallet* sie nutzen, die Höhe der Transaktionsgebühr festlegen. Mit der Gebühr schafft man einen Anreiz bei den *Minern*, die Transaktionen in den Block aufzunehmen.

Dementsprechend kann man als Faustregel sagen, dass die Bestätigung der Transaktion, das Einfügen der eigenen Transaktion in die *Blockchain*, umso länger dauert, je weniger man als Gebühr zahlt.

Wenn Bitcoin-*Miner* den richtigen Block finden, bekommen sie dafür eine festgesetzte Menge Bitcoin, die in regelmäßigen Abständen halbiert wird. Dabei nehmen sie Transaktionen in ihre Blöcke auf. Die maximale

Anzahl an Bitcoin, die jemals ausgeschüttet wird, liegt bei 21 Millionen.

Wie man schürft – Drei Arten von Bitcoin-Mining

Das Suchen nach Bitcoins kann eine rentable Angelegenheit sein – je nachdem, was die Bitcoins gerade wert sind. So hängt es auch davon ab, wieviel Strom dafür gebraucht wird und was er kostet. Und davon, wieviel Glück man beim Schürfen hat, um die richtige Lösung für die Rechenschritte zu finden. Generell gibt es drei Ansätze, um Bitcoin zu schürfen.

Man kann nach dem Prinzip „Jeder ist sich selbst der Nächste" Solo-*Mining* betreiben. Wenn man erfolgreich ist, bekommt man die volle Belohnung.

Beim Pool-*Mining* schließt man sich mit mehreren Teilnehmern zusammen und bildet eine Art Tippgemeinschaft wie beim Lotto. Die Wahrscheinlichkeit, Bitcoin zu gewinnen, ist dabei größer, die Entlohnung jedoch deutlich geringer.

Schließlich kann man sich auch in größere *Mining*-Farmen einkaufen. Man zahlt Geld und wird dafür an den Erträgen (Rewards) beteiligt, schürft aber nicht selbst.

Wenn man ausrechnen will, ob sich Bitcoin-*Mining* lohnt, muss man ein bisschen tiefer in die mathematische Trickkiste greifen. Man kann nämlich ungefähr berechnen, welches Equipment sich in welchem Ausmaß lohnt. Dazu nimmt man das aktuelle *Target*, teilt es durch 1e77 (grob, an sich durch 2^{256}). So kann man sehen, wie hoch die Wahrscheinlichkeit ist, überhaupt einen Block zu finden. Diesen Wert invertiert man und multipliziert ihn mit der *Hashrate*, was die ungefähre Zeit bis zum Finden eines Blocks liefern würde.

Schließlich gibt es unterschiedliche Belohnungsmodelle. Die Wichtigsten im Überblick:

PPS (PAY PER SHARE): *Miner* bekommen für jeden gelösten Block einen Anteil entsprechend der *Hashrate*, also der Rechenkraft, die die Computer aufbringen müssen. Dabei ist es unwichtig, ob dieser nun der erste im gesamten Netzwerk ist oder nicht. Für einzelne *Miner* ist das ein stabiles Einkommen, für Betreiber von *Mining*-Pools ein hohes Risiko, weshalb dieses Modell nicht besonders beliebt ist.

PPLNS (PAY PER LEAST N SHARES): Wenn man einen Block findet und akzeptiert, erhalten alle *Miner* entsprechend ihrer *Hashrate* Anteile. Damit sind erfahrene Teilnehmer Neulingen gegenüber im Vorteil.

DGM (DOUBLE GEOMETRY METHOD): Hier zahlt der Operator nur, wenn das Finden eines Blocks länger dauert – bei kurzen Runden behält er das Geld als Kompensation für etwaige Durststrecken.

Bitcoin-*Mining* ist im Lauf der Jahre immer rechen- und energieaufwändiger geworden. Während Laszlo seine Bitcoins noch problemlos im Wohnzimmer suchen konnte, müsste er im Jahr 2018 für seinen Aufwand viele Pizzen bekommen, damit es sich irgendwann lohnen würde. Kurzum: Bitcoin-*Mining* ist nur bedingt lohnenswert – es kommt hier ganz stark darauf an, wieviel Platz man zur Verfügung hat. Ein Computer im Wohnzimmer reicht nicht mehr aus.

Es gibt Solo-*Mining*, Pool-*Mining* und *Mining*-Farmen. Außerdem gibt es drei verschiedene Belohnungs-Modelle: Pay per Share, Pay per least n Shares und die Double Geometry Method.

Alternativen und Risiken

Bei einer Technologie, die nicht von Institutionen kontrolliert wird und außerdem noch sehr jung ist, kommt es in der Entwicklung – wie bei allen Kindern – zu Schwierigkeiten. Dazu gehören vor allem die 51-Prozent-Attacke und die Skalierungsfrage.

DIE 51-PROZENT-ATTACKE – ANGRIFF AUF DIE BLOCKCHAIN

Die *51-Prozent-Attacke* bedeutet, dass ein Angreifer es schafft, mehr als die Hälfte der *Miner* zu stellen. Damit kann er die *Blockchain* beeinflussen und Transaktionen fälschen. Im Jahr 2016 brachten etwa die drei größten *Mining*-Pools (AntPool, F2Pool und Btcc Pool) mehr als 50 Prozent der *Hashrate* auf. Hätten sie ihre Kräfte gebündelt, hätten sie großen Einfluss auf die *Blockchain* ausüben können. Denn ein Angreifer, der mehr als die Hälfte der Rechenkraft hat, kann eine eigene Version der *Blockchain* aufsetzen und diese für richtig erklären.

Zum Verständnis hilft hier wieder ein Blick auf Satoshi Nakamotos White Paper. In Abschnitt 11 betrachtet er das Problem, das entsteht, wenn ein Angreifer falsche Blöcke in das System speisen will. Letztlich kann man errechnen, wie wahrscheinlich es ist, dass ein Angreifer „seine" *Blockchain* durchsetzt.

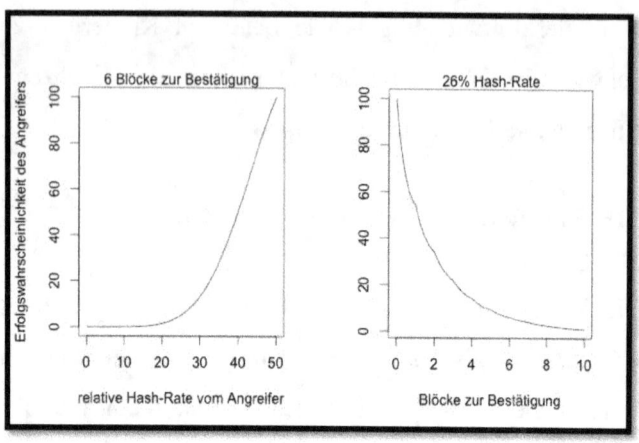

In der obigen Abbildung ist diese Erfolgswahrscheinlichkeit dargestellt, links in Abhängigkeit der relativen *Hashrate* des Angreifers (bei einer Annahme von sechs Bestätigungen einer Transaktion) und rechts in Abhängigkeit der Anzahl an Bestätigungen (bei Annahme einer relativen *Hashrate* von 26 Prozent auf Seiten des Angreifers).

Man kann hier erkennen, dass wenn die *Hashrate* des Angreifers größer oder gleich der des Gegners ist, die Wahrscheinlichkeit für Änderungen gleich eins ist. Das bedeutet, dass jemand mit mehr als 50 Prozent der *Hashrate* auf seiner Seite viel Macht hätte.

Obige Formel würde immer zu seinen Gunsten entscheiden. Man sollte außerdem im Hinterkopf haben:

Auch wenn der Angriff *51-Prozent-Attacke* heißt und suggeriert, dass man mehr als fünfzig Prozent der *Hashrate* für einen solchen Angriff benötigt, kann man mit der Formel von Nakamoto erkennen, dass bei einer geringeren Kontrolle die Wahrscheinlichkeit für den Erfolg eines Angriffes lediglich kleiner ist. Sprich: Man sollte sich nicht so stark auf die 51 Prozent konzentrieren, denn bereits mit deutlich weniger Anteil an der *Hashrate* kann man dem Netzwerk schaden.

Solange ein Angreifer die Kontrolle hat, kann er *Double-Spending*-Transaktionen durchführen. Genauer gesagt, kann er Transaktionen umkehren und an einen anderen Empfänger schicken.

Der Angreifer kann beliebig viele Transaktionen verhindern, indem er sie nicht bestätigt. Er kann bestimmte Zahlungen gezielt sperren und damit einzelne Firmen ausschalten. Theoretisch kann er beliebig viele *Miner* davon abhalten, gültige Blocks zu minen und die Belohnungen für sich selbst beanspruchen.

Der Vorteil an der *Blockchain* ist, dass alle Transaktionen transparent dargestellt werden. Auf Blockchain.info kann man erkennen, welche *Mining*-Pools welche Blocks gefunden haben. Dies ist kein Gegenmittel gegen einen

Angriff, kann jedoch helfen, zu erkennen, ob es *Mining-Pools* gibt, die häufiger einen Block der *Blockchain* beisteuern.

Ansonsten ist es im Fall von Bitcoin schwer, als Einzelner etwas gegen dieses Risiko zu tun. Man kann nicht dafür sorgen, dass gute *Miner* insgesamt mehr *Hashing*-Power bekommen. Es wurde weiterhin vorgeschlagen, feindliche *Miner* durch gezielte Angriffe einzuschränken, was jedoch schwierig ist.

Eine mögliche Abwehr ist jedoch, die Bestätigungszahl einer Transaktion zur Abwehr von doppelten Transaktionen zu erhöhen. Sollte ein Angreifer wirklich 50 Prozent oder mehr der *Hashrate* innehaben, würde das nichts daran ändern, dass seine *Blockchain*-Version sich immer durchsetzen würde, doch es bringt Zeit.

WAS KOSTET EINE 51-PROZENT-ATTACKE?

Wenn man wissen will, ob sich eine *51-Prozent-Attacke* lohnt, hilft ein Blick auf die *Hashrate*. Diese beträgt im April 2018 beträgt 28 Exahash/s. 27 Prozent dieser *Hashrate* fallen dabei auf BTC.com, der damit der größte Mining-Pool ist. Auf BTC.com fallen damit ungefähr 8 Exahash/s.

Um überhaupt 51 Prozent der *Hashrate* des Netzwerkes für sich beanspruchen zu können, müsste BTC.com seine *Hashrate* auf rund 21 Exahash/s erhöhen. Nimmt man an, dass ein Antminer S9 2.000 Euro kostet, eine *Hashrate* von 14 Terahash/s besitzt und 1,375 kW verbraucht, käme man bei einem Strompreis von 5 Cent pro Kilowattstunde auf Hardware-Kosten von drei Milliarden Euro, einen Stromverbrauch von knapp 50 Millionen kWh pro Tag und entsprechend Stromkosten von 2,5 Millionen Euro pro Tag. Das scheint dann doch ein bisschen viel Aufwand, um das Bitcoin-System nachhaltig zu stören.

Besitzt ein böswilliger *Miner* mehr als die Hälfte der Rechenkraft, kann er eine gefälschte eigene Version der *Blockchain* einfügen. Da er über die größte Rechenkraft verfügt, könnte er dadurch die Bitcoins doppelt ausgeben.

SKALIERBARKEIT – WENN DER KAFFEE ZU TEUER WIRD

Bei einer Skala geht es um die Einteilung von Größenordnungen, meist in Zahlen. Bei der Fähigkeit, diese Größenordnung anzupassen, spricht man von Skalierbarkeit. Die *Blockchain* reiht, wie man inzwischen weiß, Block an Block und füllt diese mit Informationen. Damit hierzu keine Mittelsmänner mehr gebraucht werden, ist die Bitcoin-*Blockchain* so konzipiert, dass sie alle wesentlichen Informationen speichert.

Im Fall von Bitcoin ist die Größe der Blöcke festgelegt, sodass nur eine begrenzte Anzahl an Transaktionen in einem Block gespeichert werden können. Wenn nun deutlich mehr Transaktionen Teil der *Blockchain* werden sollen, entsteht ein Stau – der *Mempool*. Das hat zur Folge, dass man hohe Transaktionskosten für eine bevorzugte Abwicklung verlangen kann. Bitcoin hat also vor allem im Bereich der Mikrotransaktionen seine Probleme – die Überweisung von geringen Beträgen lohnt sich bei Bitcoin (noch) nicht immer.

Zu technisch? Hier kann man das oft angeführte Kaffeebeispiel zu Rate ziehen. Will man seinen Kaffee mit einer Bitcoin-Transaktion begleichen, muss die Transaktion in einem Block gespeichert werden. In Zeiten hoher Bitcoin-Nutzung gibt es jedoch viele Transaktionen, die in einem Block gespeichert werden müssen – und die Bezahlung für besagten Kaffee ist eine davon.

Käufer und Verkäufer stehen jetzt vor einer Wahl zwischen drei Übeln. Den Kunden so lange warten lassen, bis die Transaktion in der *Blockchain* gespeichert ist, wäre die erste. Doch das verbietet sich spätestens beim Kaffee to go. Vom Kunden eine hohe Transaktionsgebühr zu verlangen, damit der Bezahlvorgang möglichst im nächsten Block in der *Blockchain* gespeichert ist, schließt sich auch aus: Die Transaktionskosten sind unter Umständen höher als der Kaffee selbst.

Häufig greifen Verkäufer deshalb dazu, eine Transaktion ohne Bestätigung in der Hoffnung zu akzeptieren, dass sie bald in der *Blockchain* gespeichert ist. Prinzipiell hat sich das bewährt, doch erstens könnten das Betrüger ausnutzen, zweitens wird der *Mempool* nach zwei Wochen geleert. Sollte die eigene Transaktion also nach zwei Wochen immer noch nicht bestätigt worden sein, wäre der Kaffeeverkäufer um sein Geld betrogen.

Da die Blockgröße von Bitcoin beschränkt ist, passen nur eine bestimmte Anzahl von Transaktionen in die einzelnen Blöcke. Dadurch kann es zu Staus kommen – der *Mempool* wird zu voll.

SegWit, Lightning und die Skalierbarkeit

Das Problem der Skalierbarkeit liegt also in der Blockgröße – die Anzahl der Transaktionen ist begrenzt.

Eine Möglichkeit, dieses Problem zumindest kurzfristig zu lösen, ist die Blockvergrößerung. In der Vergangenheit gab es mehrere Versuche von Teilen der Community, genau das zu tun. Da es aber keine Einigung in der Community gab, kam es zu einer von vielen Abspaltungen, einer *Hard Fork* – die heute Bitcoin Cash heißt.

Ein weiterer Lösungsansatz bietet hier die Implementierung von *Segregated Witness,* auch *SegWit* genannt. Dieses Bitcoin-Update geht das Skalierungsproblem von mehreren Seiten an. Zum einen kann man damit ohne eine Veränderung der Blockgröße mehr Transaktionen in einen Block integrieren – mit *SegWit* verarbeitet man die digitalen Signaturen separat und spart damit Platz in den Blöcken ein.

Außerdem ermöglicht *Segregated Witness* das *Lightning*-Netzwerk. Die Transaktionen finden hier nicht mehr auf der *Blockchain* selbst statt, sondern werden über separate Micropayment-Kanäle ausgeführt.

Das *Lightning*-Netzwerk ist eine Technologie, die auf dem Bitcoin-Protokoll aufbaut. Das bedeutet, dass die Transaktionen in *Lightning* auch mit Bitcoin funktionieren. Eine *Lightning*-Transaktion wird allerdings nicht direkt in die *Blockchain* geschrieben. Stattdessen merken sich die beiden Parteien einfach, dass sie im *Lightning*-Netzwerk eine Transaktion getätigt haben. Sie brauchen sich – genau wie bei Bitcoin selbst – dafür nicht zu vertrauen, denn durch Kryptographie und Software können sich die beiden Parteien nicht betrügen.

Mit dem *Lightning*-Netzwerk wird Bitcoin deutlich schneller und günstiger. Da nicht alle Transaktionen in die *Blockchain* geschrieben werden müssen, können auf dem *Lightning*-Netzwerk Millionen Transaktionen pro Sekunde stattfinden.

Das *Lightning*-Netzwerk ist ein Open-Source-Standard und es gibt mehrere Implementierungen der Technologie. Solche *Second Layer Applications* erweitern Bitcoin um *Smart Contracts* und greifen dabei auf die Sicherheit der Bitcoin-*Blockchain* zurück.

Alternative Ethereum – Wege aus der Zentralität

Das Internet ist, so wie es die meisten Menschen kennen, ein zentralisierter Ort. Der Großteil der Menschen verwendet dieselbe Suchmaschine, dasselbe soziale Netzwerk und den gleichen Browser: An den Namen

Google, Twitter und Facebook kommt kaum jemand vorbei, der das World Wide Web betritt.

All diese Dienste sind kostenlos – zumindest auf den ersten Blick. Lässt man den zweiten Blick dann über die imposanten Bauten des Silicon Valley schweifen, fällt auf: Irgendwas muss dabei rausspringen. Sogar Einiges.

Denn jeder, der das Internet nutzt und sich bei vermeintlich kostenlosen Diensten anmeldet, zieht eine unsichtbare, jedoch sehr wertvolle Spur hinter sich her. Die Rede ist von Daten: Mit jedem Like auf Facebook, mit jedem Bild auf Instagram und jeder Suchanfrage auf Google zeichnen wir ein digitales Abbild unserer Persönlichkeit. Und das lässt sich analysieren. Anhand von Klicks und Likes lässt sich unser Konsumverhalten genau nachzeichnen und sogar vorbestimmen: Personalisierte Werbung ist eines der großen Themen im Dunstkreis von Amazon & Co. Das Produkt sind die Menschen.

Im März 2018 zog sich in diesem Zusammenhang eine Meldung durch die Nachrichten, die dieses Problem auf düstere Weise illustrierte. Cambridge Analytica, ein Unternehmen für Datenanalyse, wurde dafür bekannt, den US-amerikanischen Wahlkampf beeinflusst zu haben.

Durch gezieltes und datenbasiertes Platzieren von Werbung konnten sie unsichere Wähler dazu bewegen, für Donald Trump zu stimmen, der anschließend Präsident der Vereinigten Staaten wurde. Ihre Daten dafür hatten sie von einer App, durch die sie Daten über Facebook sammelten und auswerteten. Dadurch konnte Cambridge Analytica ziemlich genau analysieren, welches Verhalten welche Personen an den Tag legten und wie sie damit Menschen beeinflussen konnten. Die Daten dafür waren auf zentralen Servern gespeichert.

Das Bild, das von diesem Datendschungel gezeichnet wird, muss jedoch nicht ganz so düster sein. Hellere Farben bietet die Technologie, um die sich dieses Buch letztlich dreht – die *Blockchain.* Genauer gesagt ein ehrgeiziges Projekt, das auf der *Blockchain* aufbaut: Ethereum.

Im Unterschied zu Bitcoin ist Ethereum keine reine Währung – vielmehr ist Ethereum eine Plattform für dezentrale Anwendungen, die aus *Smart Contracts* bestehen.

Diese intelligenten Verträge werden automatisch ausgeführt, sobald im Netzwerk die interne Währung Ether überwiesen wird. Die Inhalte der *Smart Contracts* können beliebig programmiert werden: sie können darüber bestimmen, was wann wie passiert – ob es sich um die Organisation von Wahlen, Crowdfunding oder eben das Management (digitaler) Identitäten handelt, kann frei programmiert werden. Anders als im Bitcoin-Netzwerk sind die *Nodes* im Ethereum-Netzwerk neben den genannten Aufgaben auch für die Prozessierung dieser Verträge verantwortlich.

Bei *Blockchains* wie der Bitcoin-*Blockchain* oder der Ethereum-*Blockchain* werden Server und Clouds durch tausende von *Nodes* ersetzt, die von Freiwilligen aufgesetzt werden. Diese *Nodes* leisten eine wichtige Aufgabe bei der Aufrechterhaltung des Netzwerkes. In der Welt von Ethereum redet man weniger von einer digitalen Währung, sondern vielmehr von Gas oder Treibstoff, der für die Aufrechterhaltung des Netzwerks benötigt wird.

Mithilfe der *Smart Contracts* ist zudem die Entwicklung von *dApps* möglich. *dApps* sind dezentrale Anwendungen, die nicht nur frei verfügbar sind, sondern die während der Laufzeit auf die korrekte Funktion überprüft werden können.

Letztlich sind die Entwickler von Apps von der Gunst des

App Stores abhängig, was an Beispielen entfernter Apps aus dem Apple Store deutlich wird. Entsprechend hängt auch die Wahl des Endkunden vom Einfluss dritter Parteien wie etwa Google oder Apple ab. Schließlich bedeutet dies insbesondere im Fall von Webapps wie Google Docs oder Evernote, dass der damit erzeugte Content in der Hand von Dritten liegt.

Hier deutet sich auch eine Lösung des beschriebenen Datenproblems an. Weil bei der Ethereum-*Blockchain* die zentrale Instanz wegfällt, können Nutzer wieder mehr Macht über ihre eigenen Daten zurückbekommen. Bei sozialen Netzwerken könnten sie daher selbst darüber bestimmen, ob und an wen sie ihre Daten verkaufen. Viel wichtiger noch: sie könnten dafür sogar selbst einen Teil des Erlöses bekommen.

Die Idee ist also einfach: Es gibt keine Entität, die Kontrolle über Notizen oder sonstige Dokumente hat – weder per Gesetz, noch per Code.

Auch mit Blick auf das Internet der Dinge kann Ethereum einen wertvollen Beitrag leisten. Das Internet der Dinge benötigt eine sinnvolle Kommunikation zwischen den einzelnen Devices. Mithilfe von *Smart Contracts* über Ethereum ist diese Machine-to-Machine-Kommunikation sehr gut realisierbar.

Mithilfe der *Blockchain*-Technologie kann man daher zukünftig einen Staatsentwurf oder ein politisches System programmieren. Beispielsweise wäre ein Finanzamt oder Notar nicht mehr nötig, da alle Eigentumsverhältnisse und Steuerangelegenheiten in der *Blockchain*-Datenbank aufgezeichnet werden und von jedem transparent eingesehen werden können.

Ein ebenfalls hohes Potenzial wird im Energiesektor gesehen. Das *Peer-to-Peer*-Konzept der *Blockchain* ermöglicht es, selbst erzeugten Strom an andere Personen weiterzuverkaufen, ohne den Weg über einen Energieversorger gehen zu müssen.

Neben Unternehmen und dem öffentlichen Sektor haben Banken ein hohes Interesse an der *Blockchain*-Technologie. Auch hier geht es weniger um die Nutzung einer digitalen Währung als um die Optimierung von Prozessen und die Steigerung der Wirtschaftlichkeit.

Ethereum bietet mit ihren *Smart Contracts* eine sinnvolle Ergänzung der Bitcoin-*Blockchain*. Mit den intelligenten Verträgen macht Ethereum es möglich, Prozesse des Datenmanagements zu dezentralisieren. Anstatt

Institutionen, die über Clouds Daten verwalten, kann die Macht über Daten in die Richtung der einzelnen Nutzer gelenkt werden.

Forks – Gabeln sind kein Besteck

Beim Thema Pizza und Besteck scheiden sich die Geister – bei manchen ist es verpönt, andere schwören darauf. Ähnliches gilt für das Besteck der Bitcoin-Welt. Dort stehen die Forks für Abspaltungen auf dem Weg – und für Streitpunkte in der Community.

HARD FORK

Eine Hard Fork ist ein nicht-rückwärts-kompatibles Update der Konsensregeln. Was zunächst kryptisch klingt, ist nicht ganz so kompliziert: Forks entscheiden darüber, ob innerhalb eines Netzwerks neue Regeln gelten und was mit den alten passiert. Einstimmigkeit mit neuen Regeln signalisiert man im Blockchain-Kosmos mit entsprechender Software. Um sich an die neuen Regeln zu halten, müssen die Teilnehmer ihre Krypto-Software updaten. Das kann eine Wallet sein oder ein Mining Client. Die neue Software hält sich automatisch an die neuen Regeln. Wichtig ist dabei: Die Partizipation an einer Hard Fork ist opt-in – das heißt, dass man aktiv den neuen Konsensregeln zustimmen muss. Alle, die nicht updaten, werden auf einer alten Chain zurückgelassen.

Man stelle sich eine Gruppe Vegetarier vor, die sich kollektiv auf die (Konsens-)Regel „Wir essen kein Fleisch" einigen. Nun ändert ein Teil der Gruppe seine Meinung und möchte künftig auch Fleisch verzehren. Die Personen schließen sich zusammen und bestimmen, eine Hard Fork durchzuführen: „Wir essen auch Fleisch" heißt die neue Regel.

Im Beispiel wäre das Update der Gedanke „Fleisch ist erlaubt". Wer seine Regeln aktualisiert, ist nicht mehr mit dem alten Protokoll (oder: dem alten Regelwerk) kompatibel. Ein Vegetarier würde eine Mahlzeit mit Fleisch immer noch ablehnen.

Bei einem solchen neuen Regelwerk spaltet sich die *Blockchain*. Eine *Hard Fork* wird ab einer bestimmten Blockhöhe aktiviert. In der neuen Software steht die Bedingung „Wenn Block Nummer X kommt, halte dich an die neuen Regeln". Das ist einer der Gründe, warum die Software auf den neusten Stand gebracht werden muss. Diese Bedingung bedeutet, dass ab Block X die neuen Regeln gelten. Wer sich zurzeit von Block X an die alten Regeln hält, bleibt auf einer alten Chain. Beide

Chains kommen vom selben Ursprung, entwickeln sich mit der Zeit aber immer weiter auseinander – die einen bleiben beim Gemüse, andere ernähren sich fortan auch von Fleisch.

Eine der vielen *Hard Forks* im Krypto-Universum war Bitcoin Cash. Für die Skalierung der *Blockchain* forderte Bitcoin Unlimited die Vergrößerung der Blockgröße. Die Konsensregeln begrenzten die Blockgröße in Bitcoin auf 1 MB. Bitcoin Cash (BCH) ist eine *Hard Fork*, die unter anderem diesen Parameter angehoben hat; Bitcoin ist die alte Chain.

Ob Vegetarier oder Carnivore, diese Entscheidung muss jeder selbst treffen. Wichtig ist: Die Software bestimmt, welchen Regeln man folgt.

Eine *Hard Fork* ist eine Änderung der Regeln, die keine Rückwärts-Kompatibilität zulässt. Deswegen spaltet sich die *Blockchain* im Fall einer *Hard Fork*. Die alte *Blockchain* existiert nach wie vor unter den alten Regeln.

SOFT FORK

Dementgegen erfordert eine *Soft Fork* keine explizite Zustimmung. Eine *Soft Fork* ist eine rückwärts-kompatible Änderung in den Konsensregeln.

Zurück an den Mittagstisch, zurück zu den Vegetariern. Die Konsensregel lautet: „Wir essen kein Fleisch". Ein Teil der Gruppe ändert nun seine Meinung und möchte vegan leben, sie verzichten auf bestimmte vegetarische Produkte. Das Regelwerk wird strikter. Aus Perspektive der Vegetarier halten sich die Veganer nach wie vor an die Regel, kein Fleisch zu essen. Mit anderen Worten: Die Veganer können immer noch im Konsenssystem der Vegetarier existieren – alle veganen Nahrungsmittel sind auch für Vegetarier erlaubt. Das bedeutet, dass der Wandel von Vegetarier zu Veganer rückwärts-kompatibel ist. Im Gegensatz dazu können Fleischesser *NICHT* im Konsenssystem der Vegetarier existieren.

Während eine *Hard Fork* die *Blockchain* spaltet, benutzt eine *Soft Fork* die gleiche *Blockchain* wie das alte System. Das heißt auch, dass die Nutzer ihre Software nicht upgraden *MÜSSEN*. In den meisten Fällen bieten die Änderungen einer *Soft Fork* zwar Erweiterungen für das Netzwerk, doch bleibt es den Teilnehmern überlassen, ob sie diese Änderungen tatsächlich nutzen wollen. Wer die Neuerung nutzen möchte, gibt seine Zustimmung – wie bei *der Hard Fork* – in Form einer aktualisierten Software.

Im Jahr 2017 erlebte das Bitcoin-Netzwerk eine *Soft Fork* – SEGREGATED WITNESS (kurz: *SegWit*). *SegWit* schloss eine Lücke in Bitcoin – die TRANSACTION MALLEABILITY. Damit wurde unter anderem die Implementierung sogenannter SECOND LAYER Applications (das LIGHTNING-*NETZWERK*) ermöglicht. *SegWit* speichert die Signaturen (Witnesses) der Transaktionen – also den Teil einer Transaktion, der verifiziert, dass der Sender über das nötige Geld verfügt – nicht mehr im Block-Body, sondern separat (Segregated). Eine Transaktion in *SegWit* ist deswegen kleiner – und entsprechend günstiger.

Zurück zum Speiseplan der Vegetarier: Vegetarier können auch vegane Kost speisen – für Fleisch bedarf es allerdings einer *Hard Fork* der Konsensregeln.

Es gelten folgende Regeln:

„In einer **Hard Fork** wird etwas zuvor Unerlaubtes erlaubt."

„In einer **Soft Fork** wird etwas zuvor Erlaubtes verboten."

Im Gegensatz zur *Hard Fork* spaltet die *Soft Fork* die *Blockchain* nicht. Den Nutzern bleibt es überlassen, ob sie das Update verwenden oder nicht. Ein bekanntes Beispiel ist *SegWit*.

Kapitel 3: Die Anwendung: Kaufen, Handeln, Spekulieren

Die Herkunft von Bitcoin ist nun geklärt. Die Geschichte um den mysteriösen Erfinder Satoshi Nakamoto und den legendären Einkauf der inzwischen millionenschweren Pizzen ist geschrieben. Auch die Technologie ist soweit bekannt – diese Kette aus Datenblöcken, auf denen die Bitcoins nachher in den digitalen Sphären schweben, kennt man nun in ihren Grundzügen. Doch was macht man nun damit?

Eines vorweg: Die Anwendungsgebiete sind vielfältig. Burger bezahlen, Altersvorsorge sichern, auf Marktplätzen handeln, spekulieren oder einfach nur ansammeln – das ist nur eine kleine Auswahl an Möglichkeiten, die sich mit Bitcoin bieten. Bevor all dies letzten Endes möglich ist, braucht man etwas, um die Bitcoins auch aufzubewahren. Dafür gibt es Bitcoin-*Wallets*, die als digitale Geldbörsen fungieren.

Bitcoin-Wallets – Digitale Geldbörsen

Länder wie Irak, Guinea oder Venezuela leiden unter so starken Inflationsraten, dass es dort keinen Sinn macht,

Geld zur Seite zu legen. In der Zeit, bis man bei Banken etwa von Zinsen profitieren könnte, ist der Wert der jeweiligen Währung meist bereits so stark gesunken, dass das erarbeitete Kapital nur noch einen Bruchteil der vorherigen Kaufkraft besitzt.

Da machen auch die verhältnismäßig geringen Zinsen keinen Unterschied mehr. Kombiniert mit einer allgemein schlechten Wirtschaftslage und daraus folgenden sozialen Unruhen bis hin zu Kriegen, kann das zu katastrophalen gesellschaftlichen Verhältnissen führen. Die Lösung – man ahnt es – bietet eine Währung, die nicht nur vor Inflation geschützt ist, sondern darüber hinaus weder von Staaten noch von Banken kontrolliert wird. Gerade für Menschen, die außerhalb dieser Länder Geld erwirtschaften und ihrer Familie Geld senden wollen, ist es attraktiv, das Ganze per Bitcoin zu erledigen. Dafür brauchen sie zunächst eine *Wallet*.

PUBLIC- UND PRIVATE-KEYS

Eine Bitcoin-*Wallet* unterscheidet sich von der alltäglichen Brieftasche in einem entscheidenden Punkt. Sie enthält die Bitcoins nicht. Denn Bitcoins verlassen die *Blockchain* nie, sie sind für immer auf dem digitalen Kontenbuch gesichert. Vielmehr verwalten die *Wallets* die *Private Keys*. Diese privaten Schlüssel sind gewissermaßen die private Version der öffentlichen Schlüssel. Die *Public Keys* also sind der Kontonummer sehr ähnlich. Die *Private Keys* haben, will man den Vergleich mit dem traditionellen Bankensystem wagen, am ehesten noch den Charakter einer PIN. Mit dem entscheidenden Unterschied, dass sie noch weiter abgesichert sind. Bevor man hier jedoch zu tief in die Brieftasche schaut, sollte man wissen, aus welchem Material sie gemacht ist.

Zur Erinnerung: Die *Blockchain* speichert in ihren Blöcken ab, zwischen welchen Adressen Bitcoin versendet werden. Sie enthält Informationen über die Transaktionen. Dazu speichert sie sowohl Uhrzeit als auch Datum einer Transaktion. Da sie öffentlich ist, kann das jede Person auf http://www.blockchain.info einsehen. Die Adressen, zwischen denen Bitcoin hin- und hergeschickt werden, sind schließlich die Adressen der *Wallets*.

Zurück also nach Venezuela. Franca, die in Europa arbeitet, will ihrer Familie einen Teil von ihrem Gehalt schicken. Da sie aber weder einen Großteil davon an Zahlungstransferdienstleister wie Western Union abgeben will, noch den Banken horrende Gebühren zahlen möchte und darüber hinaus Bedenken hat, dass ihr Geld, bis es endlich ankommt, nichts mehr wert ist, entscheidet sie sich für Bitcoin. Das kann dann so aussehen:

In der Transaktion

e17a3ff613bd62d59ad1f58f2962f8389871fe61f8dad4da bf5e36d03ff02c06

versendet Franca einen bestimmten Betrag, 0.0118133 BTC – von der Adresse

13hh1d87wxFiRnMYRZFHBEwCtFvG3xXsgd

an die Adresse ihres Vaters, die wie folgt aussehen kann:

1C1TU74L6pZRmKNZ8omJuwpiDygcuMSW6Q

Beide Adressen haben die gleiche Länge – sie sind 34 Zeichen lang. Sie sind *public*, also öffentlich. Das heißt, dass sie jeder zu jeder Zeit auf http://blockchain.info nachprüfen kann. Um jedoch auch selbst mit den *Wallets* umgehen zu können, braucht man einen privaten Zugang, den *Private Key*. Dieser Schlüssel, mit dem man letztlich gegenüber digitalen Dieben sicher ist, ist noch länger:

18E14A7B6A307F426A94F8114701E7C8E774E7F9A4
7E2C2035DB29A206321725

Das sind 64 Zeichen. Diese Aneinanderreihung von
Zahlen und Buchstaben ist relativ komplex – um sie zu
knacken, bräuchte man sehr viel Zeit, Rechenleistung und
Glück. (Um genau zu sein: Die Wahrscheinlichkeit, einen
Private Key zu knacken, beträgt 1 zu 10^n. Damit ist es
wahrscheinlicher, neun Mal hintereinander einen 6er mit
Zusatzzahl im Lotto zu haben, als einen *Private Key* zu
knacken –unwahrscheinlich.) Es empfiehlt sich also, sich
den *Private Key* entweder gut zu merken oder an einer
sicheren Stelle zu notieren, denn ohne ihn kommt man
nicht an die *Wallet*.

Der *Public Key* kann aus dem *Private Key* abgeleitet
werden. Wenn man also den *Private Key* besitzt, besitzt
man automatisch auch den *Public Key*. Andersherum ist
dies jedoch nicht möglich: Niemand kann mithilfe des
Public Key den *Private Key* generieren.

Mit diesem Mechanismus steht und fällt Bitcoin. Wenn es
möglich wäre, aus dem *Private Key* den *Public Key* zu
erstellen, wären die Bitcoins in der *Wallet* nicht sicher.
Aufgrund dieses Mechanismus muss jeder *Wallet-
Besitzer* seinen *Private Key* unbedingt sorgsam

aufbewahren – geht der *Private Key* verloren, ist auch das Geld weg. Man kann sich dann an niemanden wenden oder einen Antrag auf die Wiederherstellung des Passworts stellen – auch das ist eine Dimension dessen, auf einen Mittelsmann zu verzichten.

Um Bitcoin und andere Kryptowährungen aufzubewahren, benötigt man *Wallets*. Diese digitalen Brieftaschen bestehen aus dem *Public Key* und dem *Private Key*. Der *Public Key* ist öffentlich – jeder kann ihn auf http://blockchain.info einsehen. Der *Private Key* hingegen ist privat, ihn muss man an einem sicheren Ort aufbewahren und hat damit den Schlüssel zu den eigenen Bitcoins.

Multi-Sig-Wallets – Brieftaschen für Teams

Multi-Sig-Wallets sind digitale Brieftaschen für mehrere Personen – ein Familien-, Firmen- oder eben Gemeinschaftskonto. Das Konzept steckt bereits im Namen: Die digitalen Brieftaschen enthalten viele Signaturen, also *Multiple Signatures*.

Franca könnte mit ihrer Familie auch eine *Multi-Sig-Wallet* nutzen. Dann hätte jedes der Familienmitglieder eine eigene Signatur, eine eigene digitale Unterschrift. Eine große digitale Brieftasche, in der jeder sein eigenes Fach hat. Der Vorteil dabei ist es, dass jedes Familienmitglied darauf zugreifen kann, ganz egal ob von Venezuela, Deutschland oder den kanarischen Inseln aus.

Das gemeinsame Familienkonto ist dann gleich durch mehrere *Private Keys* gesichert. Technisch gesehen kann man sie so gestalten, dass es für eine Transaktion n Bestätigungen von m Accounts braucht. Das eröffnet mehrere Möglichkeiten:

½ (d. h. n=1, m=2)-*Wallets* wären ein Konto, das man gemeinsam mit seinem Partner nutzt. Jeder hätte von sich aus Zugriff, man könnte aber nachvollziehen, wer wann was ausgegeben hat. Wenn Franca sich also eine 1/2-*Wallet* mit ihrem Bruder teilt, können beide darauf zugreifen und wissen jeweils, wann einer von ihnen was mit der *Wallet* gemacht hat. Dafür bräuchte es eine Bestätigung von zwei Accounts.

Bei 2/2 (d.h. n=2, m=2)-*Wallets* hingegen hätte man eines auf dem PC, ein anderes auf einem Smartphone. Somit ist eine Zwei-Faktor-Verifikation, also eine Bestätigung durch zwei verschiedene Geräte, möglich – zwei Bestätigungen von zwei Accounts. Hacker müssten jetzt sowohl den *Private Key* von der *Wallet* auf dem PC als auch den von der *Wallet* auf dem Smartphone kennen, um Kontrolle über die Bitcoins zu bekommen.

Eine 7/10-*Wallet* ist vor allem für Unternehmen interessant, etwa für die Chefetage, die über die Geschicke einer großen Firma entscheiden soll. Man braucht hier sieben Bestätigungen von zehn Accounts. Damit kann man zum Beispiel demokratisch über Beschlüsse entscheiden. Auch für Francas Familie wäre diese Möglichkeit interessant. Wollen sie entscheiden, ob es beim nächsten Familientreffen vegetarisches Essen oder Schnitzel gibt, müssen sie sich nicht extra treffen oder telefonieren. Die Abstimmung läuft einfach über die *Blockchain*. Ganz ohne Drittpartei.

Multi-Sig-Wallets kann man als Konto für mehrere Parteien verwenden. Durch verschiedene Signaturen von unterschiedlichen Accounts kann man eine Zwei-Faktor-Verifikation möglich machen oder auch in Personengruppen über Themen abstimmen, ohne sich dafür persönlich treffen zu müssen.

Cold Storage – Das Offline-Tresorsystem von Bitcoin

Die Möglichkeit, online Bitcoins zu überweisen ist schnell und sicher. Doch vielleicht traut die Großmutter der ganzen Geschichte noch nicht ganz. „Dieses Internet? Ist mir nicht geheuer. Ich will schon was in der Hand haben." Ein Argument, das nicht immer leicht zu entkräften ist. Doch auch dafür gibt es eine Lösung: *Cold Storage*, also die kalte Aufbewahrung der Bitcoin.

In einem *Cold Storage* liegt die Information, die den Zugriff auf die digitalen Münzen möglich macht, offline. Das kann zum einen bedeuten, dass man sich den *Private Key* ausgedruckt hat und in der Schublade oder im Gartenhäuschen verwahrt. Man kann sich aber auch die Passphrase, also die Aneinanderreihung von Wörtern, im Gedächtnis oder auf einem anderen Speicher behalten, um sie bei Belieben in einen *Private Key* umzuwandeln. Eine weitere und noch sicherere Variante sind die Hardware-*Wallets*. Diese sind ebenfalls kalte Lagerungsmöglichkeiten. Sie sehen aus wie USB-Sticks und sichern sie die wichtigen *Keys* damit offline. Sie bieten letztlich die sicherste Aufbewahrungsmöglichkeit für Bitcoins. Denn ganz unrecht hat die Großmutter nicht, indem sie „diesem Internet" nicht traut. Denn trotz aller

Unwahrscheinlichkeiten (man erinnere sich an das Lotto-Beispiel), sind Angriffe im digitalen Raum noch möglich.

Cold Storage ist die Möglichkeit, seine Bitcoins kalt aufzubewahren. Dabei notiert man seine *Private Keys* etwa auf Papier oder speichert sie in Offline-*Wallets* ab.

Nachdem man weiß, wie die unterschiedlichen digitalen Brieftaschen aussehen, geht es nun darum, sie sich auch herzustellen. Je nach Art der *Wallet* gibt es hier verschiedene Möglichkeiten.

Online-Wallets: Bedingte Sicherheit

Die erste Anlaufstelle ist oft die Online-*Wallet*. Dazu gibt es verschiedene Webseiten, die das Erstellen von *Wallets* so einfach wie möglich machen. Online-*Wallets* sind Angebote im Internet, die sich häufig um den *Private Key* der *Wallets* kümmern. Sie sind von jedem internetfähigen Gerät oft ohne zusätzliche Apps zugänglich.

Bei den meisten Anbietern von Online-*Wallets*, die direkt an die jeweiligen Börsen gekoppelt sind, herrscht die *Know-Your-Customer*-Policy („Kenne-deine-Kunden-Vorschrift"). Auf Druck der Behörden ist es in manchen Regionen der Welt zwingend notwendig, seinen echten

Namen, sowie Adresse und sonstige persönliche Informationen preiszugeben. Hier spricht man von Pseudo-Anonymität – die Transaktionen sind zwar anonym, es ist aber möglich, an die persönlichen Informationen zu gelangen. Wer anonymer sein möchte, sollte seine Bitcoins also von der Börse an andere *Wallets*, wie zum Beispiel Offline-*Wallets* senden. Auch gibt es von den Börsen keine Garantie, dass bei einem eventuellen Verlust die Bitcoins zurückerstattet werden. Daher sind die Online-Börsen und die dazugehörigen *Wallets* zwar gut, um Bitcoin zu erwerben und zu verkaufen, doch danach sollte man sie sich auf andere sicherere Formen von *Wallets* überweisen. Gerade Online-Börsen geraten immer wieder in die Schusslinien von Hackern – da helfen auch die sichersten *Private* oder *Public Keys* nichts.

Bei Online-*Wallets* wendet man sich an einen Online-Anbieter und erstellt sich dort eine digitale Brieftasche. Dabei ist in den meisten der Fälle jedoch eine Registrierung mit Namen und Adresse (*Know-Your-Customer*-Policy) nötig, weswegen es sich hier um eine Variante handelt, die weniger anonym ist. Online-*Wallets* sind eher als Transfer-Stationen geeignet – auch die

Sicherheit ist bei Online-Börsen nicht immer gewährleistet.

Mobile-Wallets – Überall bezahlen

Eine Variante der *Wallets* sind die Mobile-*Wallets*. Diese mobilen *Wallets* sind auf Smartphones gespeichert, man kann sie mit sich herumtragen und damit zu jeder Zeit verwenden.

Mobile-*Wallets* speichern oft einen Teil der *Blockchain* auf dem Endgerät und synchronisieren diesen mit den *Nodes*. Dieses Verfahren nennt sich *Simplified Payment Verification*. Bei dieser vereinfachten Zahlungs-bestätigung muss man beachten, dass man zum Teil auf Drittparteien angewiesen ist, auch wenn dies immer noch weniger der Fall ist als bei Börsen oder Online-*Wallets*. Praktisch ist, dass Mobile-*Wallets* oft mit rotierenden Adressen arbeiten und so ein Mindestmaß an Privatsphäre garantieren. Oft nutzen solche *Wallets* die Sicherheits-maßnahmen der Geräte, auf denen sie verwendet werden. Daher sind *Wallets* auf dem iPhone mit der iCloud verbunden, so dass man auch bei Verlust des Gerätes noch eine Sicherheit hat. Zudem hat jede Mobile-*Wallet*, das

Zugriff auf die Kamera hat, die Möglichkeit, via QR-Code einen *Public Key* einzulesen.

Letztlich sind die tragbaren *Wallets* zukunftsweisend für Bitcoin. Denn damit ist es möglich, direkt mit dem Smartphone am Schalter zu zahlen. Der Verkäufer erstellt sich einen QR-Code oder lässt sich die *Wallet*-Adresse anzeigen, der Käufer scannt sie, sendet seine digitalen Münzen und bezahlt.

Mobile-*Wallets* sind praktisch, da man sie auf tragbaren Geräten jederzeit zur Verfügung hat. Sie tragen entscheidend dazu bei, dass sich Bitcoin als Zahlungsmittel durchsetzen kann.

Paper-Wallets: Privat auf dem Papier

Paper-*Wallets* sind im Vergleich zu oberen Varianten sicher, einfach in der Handhabung und kostengünstig. Eine Paper-*Wallet* ist im Prinzip lediglich ein Stück Papier, auf dem *Public Key* und *Private Key* notiert sind. Jeder kann sich eine solche Paper-*Wallet* selbst erstellen. Die Bitcoins bleiben zwar auf der *Blockchain*, der *Private Key* wird jedoch auf dem Papier notiert und verschwindet somit aus der digitalen Sphäre. Zugriff hat also letztlich nur die Person, die das Papier in der Hand hält. Hier gilt: sicher aufbewahren.

Der Transfer der Bitcoin auf eine Paper-*Wallet* ist denkbar einfach. Man sendet die Bitcoins auf die dazugehörige Adresse, die man sich notiert hat. Die digitalen Münzen hingegen wieder vom Papier wegzusenden, ist etwas komplexer. Dazu muss man den *Private Key* auf eine andere Wallet übertragen. Damit wird auch der gespeicherte Betrag dorthin gesendet.

Eine Paper-*Wallet* ist also kein Ersatz für eine Online-*Wallet* oder eine Mobile-*Wallet*. Es ist eher vergleichbar mit einer Geldanlage in Papierform.

Eine wichtige Sache bei Paper-*Wallets* ist, dass dieses (ausgedruckte) Blatt Papier das einzige ist, was die Besitzer mit den Bitcoins verbindet. Dadurch ist es zwar vergleichsweise anonym, jedoch bei Verlust ohne Garantie.

Eine Paper-*Wallet* ist ein Stück Papier, auf dem der *Private Key* steht. Dadurch ist es vor Online-Diebstahl geschützt und relativ anonym, muss jedoch an einem sicheren Ort aufbewahrt werden.

Brain-Wallets: Das Gehirn als Brieftasche

Die vorgestellte Problematik hinsichtlich eines möglichen Diebstahls der Bitcoin in einer Paper-*Wallet* hat zu einer weiteren Entwicklung geführt – der Brain-*Wallet*.

Bei Paper-*Wallets* steht man vor dem Dilemma, dass der Schlüssel zum Geld auf einem theoretisch für jeden Menschen einsehbaren Blatt Papier steht. Es gibt weder eine Zwei-Wege-Authentifizierung noch eine zentrale Autorität, die im Fall des Diebstahls das Geld zurückerstattet. Wenn man nun dafür sorgen könnte, dass dieses Blatt Papier gar nicht erst existiert?

Bedingt ist das möglich: Man kann letztlich eine fast beliebige Zeichenkette in einen *Private Key* umwandeln. So kann man anstatt sich statt der Zeichenkette eine Passphrase auswendig lernen, also eine Aneinanderreihung von Worten.

Diesen Satz kann man nun mit einem Schlüssel als zusätzlichem Zufallsfaktor (wie z. B. BrainWallet.io) in einen *Private Key* und einen *Public Key* umwandeln. Andere Methoden verweigern es, die Passphrase zu erfinden (allein schon, weil das extrem unsicher ist), sondern generieren selbst eine Liste an Wörtern. Sich diese zu merken, ist nicht ganz leicht, aber deutlich leichter, als einen ewig langen *Private Key* auswendig zu lernen. Das Medium, auf dem diese Passphrase gesichert wird, ist das menschliche Gehirn. Hier eröffnen sich jedoch zu viele Gefahren-Faktoren, um die Brain-*Wallet* als sichere Methode gelten zu lassen. Vergiss es!

Die Brain-*Wallet* ist das menschliche Gehirn. Dadurch mag die Gefahr des Diebstahls ausgeschlossen sein, doch ist diese Lösung im Hinblick auf die Komplexität der *Private Keys* und Passwörter nicht zu empfehlen.

Hardware-Wallet: Die sichere Alternative

Paper-*Wallets* sind im Vergleich zu Online-*Wallets* die sicherere Alternative. Dadurch, dass die nötigen Daten lediglich auf einem Stück Papier gespeichert sind, ist es vor dem Zugriff von Hackern geschützt. Doch die Gefahr des Verlustes ist hier relativ groß – Diebstahl oder Vergessen sind hier wesentliche Faktoren, die Paper-*Wallets* unsicher machen. Zusätzliche Sicherheit bieten hier Hardware-*Wallets*.

Sie können so gestaltet sein, dass man nur in Zusammenarbeit mit einem Programm an die gelagerten

Kryptowährungen kommt. Das Programm benötigt dazu eine Zwei-Wege-Authentifizierung. Dieses Programm läuft auf einem Endgerät wie dem Computer oder Smartphone. Diese Verbindung zwischen Hardware-*Wallet* und Endgerät verbindet damit die Sicherheit der Paper-*Wallet* mit denen von Mobile-*Wallets*. Ein Diebstahl von nur einem der Geräte würde also nicht ausreichen.

Die *Private Keys* sind bei einer Hardware-*Wallet* zumeist in einem abgesicherten Bereich verschlüsselt. Man braucht sich also nicht um den *Private Key* zu kümmern. Schließlich ist der Zugang zur Hardware-*Wallet* selbst auch oft durch eine PIN gesichert. Ein Dieb benötigt also die Hardware-*Wallet*, die PIN und zusätzlich das zur Zwei-Wege-Identifikation zu-gewiesene Endgerät.

Selbst wenn die Hardware-*Wallet* abhandenkommen sollte, wartet es mit einem Recovery-Mechanismus auf. Während man die *Wallet* einrichtet, wird nämlich eine Passphrase, also ein Schlüssel, der aus 24 Wörtern besteht, zusammengewürfelt. Wenn man die Hardware-*Wallets* verwenden möchte, werden davon jedes Mal einige abgefragt. Sollte man seine Hardware-*Wallet* tatsächlich verlieren, kann man es mit einem anderen

Gerät wiederherstellen – sofern man seine Passphrase noch hat.

Hardware-*Wallets* verbinden die Vorteile von Paper-*Wallets* und Mobile-*Wallets*. Die *Private Keys* werden auf einer externen Software gespeichert, wodurch man auf seine Kryptowährungen nur zugreifen kann, wenn man im Besitz beider Geräte und der dazugehörigen Passphrase ist.

Bitcoin Core: Die Hardcore-Variante

Die aufwändigste Alternative für eine *Wallet* ist es einen Bitcoin-Client, also eine *Node*, zu betreiben.

Dazu muss man nämlich die gesamte *Blockchain* runterladen – ein Datenpaket, dessen Größe stetig anwächst. Der Vorteil, den dieser Download bietet, ist die Unabhängigkeit. Durch den Download wird man Teil der *Blockchain* und sichert sie zudem ab. Schließlich ist die *Blockchain* eine dezentrale Ansammlung von Datenblöcken, die überall auf der Welt gespeichert ist. Betreibt man selbst einen Knotenpunkt, sorgt man dafür, dass sie erhalten bleibt.

Damit hat man nicht nur das sicherste aller *Wallets*,

sondern unterstützt auch das Bitcoin-Netzwerk, indem man es dezentraler macht.

Die sicherste und aufwändigste Methode, Bitcoin aufzubewahren, ist das Betreiben einer *Node*. Dazu muss man die gesamte *Blockchain* herunterladen und sichert das gesamte Netzwerk ab.

Alles sicher auf den Wallets?

Der *Private Key* ist mit 64 Zeichen sehr lang. Deshalb existieren prinzipiell unendlich viele *Private Keys*. Ohne zu stark auf die Mathematik dahinter einzugehen, würde selbst der schnellste Computer der Welt sehr lange für ein Erraten des korrekten *Private Keys* benötigen. Sehr lange bedeutet dabei ein Vielfaches des Alters unseres Universums.

Aktuell wird viel über die von Quantencomputern ausgehende Gefahr spekuliert. Oft kann man hier den Eindruck bekommen, dass mit dem Aufkommen von Quantencomputern Bitcoin am Ende wäre.

Das ist nur bedingt der Fall. Es ist korrekt, dass mithilfe eines bestimmten Algorithmus der *Private Key* aus dem *Public Key* ermittelt werden kann. Häufig übersieht man hier jedoch, dass der *Public Key* selbst Dritten nicht in einer unkomprimierten Form vorliegt. Daher muss man dafür aus der *Wallet*-Adresse zunächst den echten *Private Key* extrahieren. Hierfür existiert noch kein Quanten-Algorithmus, der effizient genug wäre, um dies in akzeptabler Zeit zu schaffen. Schließlich werden innerhalb der Community verschiedene Lösungsansätze entwickelt, mit denen auch die Verbindung zwischen *Public Key* und *Private Key* sicher vor einem Hack mit Quantencomputern sein soll.

Eine weitere Möglichkeit wäre, zu versuchen, aus einem *Public Key* einen *Private Key* herzustellen.

Der Verschlüsselungsmechanismus hinter Bitcoin (SHA-256) gehört zu einer Gruppe an Verschlüsselungs-funktionen, die darauf angelegt sind, möglichst unumkehrbar zu sein. Man kann sich das so ähnlich vorstellen wie das Zerbrechen einer Teetasse, die vom Tisch fällt. Man kann sie zwar zusammenkleben. Sie jedoch vollständig in den Zustand vor dem Tassensturz zu versetzen, ist nach aktueller Kenntnis unmöglich.

Keine Frage – die Sorge, dass SHA-256 irgendwann geknackt wird, ist nicht unberechtigt. Man sollte jedoch im Hinterkopf behalten, dass die Verschlüsselungsmechanismen einerseits darauf angelegt sind, unumkehrbar zu sein. Andererseits haben SHA-256 und andere SHA-Verschlüsselungen viele Anwendungsbereiche. Diese Methoden werden nicht nur von Bitcoin-Enthusiasten ständig überprüft. Falls der Verdacht aufkommen sollte, dass SHA-256 unsicher sei, würde dies erkannt – und wie andere digitale Währungen zeigen, kann man auch auf anderen Verschlüsselungen eine Währung aufbauen. Bitcoin müsste dann überarbeitet werden.

Eines noch: Eine *Wallet* ist nur so sicher wie ihre Implementierung. Es ist eine schlechte Idee, viel Geld auf einer Online-Börse liegen zu lassen oder eine Paper-*Wallet* offen mit sich zu führen. Die Eigenverantwortung für das eigene Geld, die man mit Bitcoin erkauft, bedeutet, dass man sich über die Vor- und Nachteile unterschiedlicher *Wallets* informiert und überlegt, was man selbst zur Sicherheit seines Geldes tun kann.

Bitcoins kaufen

Hat man sich für eine Art der Aufbewahrung entschieden, möchte man – sofern man Bitcoin nicht gerade mined – auch welche in die *Wallet* bringen. Beim Einkauf von

Bitcoin gibt es grundsätzlich zwei verschiedene Möglichkeiten. Entweder man kauft seine Bitcoins online auf Kryptobörsen und -Brokern oder man kauft sie offline bei Privatpersonen oder am Automaten.

Bitcoin-Börsen: Alles Online?

Die erste Anlaufstelle, um Bitcoins und andere Kryptowährungen zu handeln, sind Kryptobörsen. Solche Börsen sind digitale Marktplätze: Verkäufer bieten ihre Bitcoins zu einem bestimmten Preis zum Verkauf an, Käufer geben ein Angebot ab. Einigen sie sich auf einen Preis, kommt der Handel zustande.

Dazu überweisen die Verkäufer ihr *Fiatgeld* auf die jeweilige Börse. Diese hat also die Verantwortung über das Guthaben. Hier gibt es einige Unterschiede:

Manche Börsen verwalten beide Guthaben (BTC und EUR) online, andere wiederum verwahren nur die Bitcoin-Bestände und überlassen den Geldaustausch den beiden Parteien (Käufer und Verkäufer) selbst.

Bei der ersten Variante bezahlt der Käufer den Verkäufer direkt mit seinem Online-Guthaben. Der Verkäufer erhält den Kaufpreis in Euro auf seinem Online-Konto gutgeschrieben. Der Käufer erhält im Gegenzug Bitcoins auf seiner Online-*Wallet* gutgeschrieben.

Bei der zweiten Variante agiert die Börse lediglich als Treuhänder und Online-*Wallet*. Hier treffen sich Käufer und Verkäufer, machen den Deal und die Börse blockiert die gekauften Bitcoins auf Seite des Verkäufers so lange, bis die Gegenseite das Geld über das private Konto direkt an den Verkäufer überwiesen hat. Nach erfolgreicher Überweisung markiert der Verkäufer die Zahlung als erhalten und dem Käufer wird der entsprechende Betrag in Bitcoin auf seiner Online-*Wallet* gutgeschrieben.

Die meisten professionellen Trader handeln ausschließlich an Bitcoin-Börsen. Sie tätigen an einem Tag nicht selten mehrere hundert Transaktionen, oftmals vollautomatisch und mit Hilfe von Trading-Bots – elektronisch programmierte Händler, die bei festgelegten Preisen an- oder verkaufen.

Bitcoin-Börsen bieten also einige Vorteile mit Blick auf Verfügbarkeit und professionelles Trading. Nachteil ist jedoch, dass die Verantwortung über das Guthaben bei der Börse liegt und sie entsprechend abgesichert sein muss.

Eine häufig genutzte und einfache Möglichkeit, Bitcoin zu kaufen, sind Kryptobörsen. Dabei werden die Bitcoins online gehandelt.

Der Bitcoin-Broker als Mittelsmann

Neben den Bitcoin-Börsen etablierten sich Bitcoin-Broker am Markt. Bitcoin-Broker bieten anders als bei Bitcoin-Börsen keine eigenen *Wallets* oder Online-Konten an und sind somit zu keiner Zeit im Besitz der Nutzer-Guthaben. Der Nutzer kauft nach erfolgreicher Registrierung beim Broker wie in einem Online-Shop direkt Bitcoins. Je nach gewählter Zahlungsmethode erhält der Nutzer die Bitcoins binnen weniger Minuten in einer von ihm zuvor eigens eingerichteten Bitcoin-*Wallet* gutgeschrieben.

Bitcoin-Broker sind also Mittelsmänner. Nutzer überweisen ihnen den gewünschten Kaufbetrag in Fiat, die Broker schicken den Nutzern im Gegenzug Bitcoin. Die Bitcoins selbst kaufen die Broker in Echtzeit bei großen Onlinebörsen und berechnen den Nutzern eine Gebühr für die Dienstleistung. Der Vorteil hier ist die schnelle Verfügbarkeit und die direkte Transaktion auf eine eigene Bitcoin-*Wallet*.

Bei Bitcoin-Brokern kann man seine Bitcoins direkt online von einem Mittelsmann kaufen. Die Broker berechnen dabei eine Gebühr dafür, dass sie Bitcoin vermitteln.

Von Angesicht zu Angesicht: Offline-Trading

Wer seine Bitcoins anonym kaufen möchte, kann sie auch in der analogen Welt kaufen. Hier verabreden sich Käufer und Verkäufer zum Bitcoin-Kauf. Sie treffen sich zu abgemachter Uhrzeit und Ort. Käufer bezahlen ihre Händler bar, diese schicken ihnen das Guthaben dann von *Wallet* zu *Wallet*. Da man hier jedoch keinerlei Kenntnis darüber hat, mit wem man sich trifft, kann es sich beim Offline-Trading um eine gefährliche Angelegenheit handeln. Hier besteht die Gefahr, sein Geld zu verlieren und ohne Bitcoins nach Hause zurückzukehren.

Beim Offline-Trading trifft man sich in der realen Welt und tauscht *Fiatgeld* gegen Bitcoin. Aufgrund mangelnder Sicherheit ist Offline-Trading nur bedingt zu empfehlen.

Mit Bitcoin spekulieren – Hodln & Traden

Neben der Möglichkeit, mit Bitcoin zu bezahlen, lockt viele auch das Versprechen des vermeintlich schnellen Geldes. In der Vergangenheit begingen hier einige Menschen den Fehler, Geld zu investieren, ohne sich mit der Materie zu befassen. Grundsätzlich gibt es – wie bei allen anderen Anlageformen auch – zwei Möglichkeiten in Bitcoins zu investieren: halten oder aktiv handeln.

Hodln bedeutet halten. Bitcoin-Investoren investieren *Fiatgeld* in Bitcoin und halten diese Position. Ob der Kurs steigt oder fällt – sie verkaufen ihre Bitcoins nicht, insbesondere dann nicht, wenn der Kurs unter den Einkaufspreis fällt. Der zugrundeliegende Gedanke ist Optimismus: Man hofft darauf, dass der Preis weiter steigen wird und sich das Investment lohnt. Der einfachste Hodl-Ansatz wäre also, einmalig Geld in Bitcoin zu investieren und es liegen zu lassen.

Ein anderer Ansatz ist die Cost-Average-Methode. Hier investiert man in gewissen Zeitabständen einen festen Betrag, ohne dabei auf den Bitcoin-Kurs zu achten. So wächst das Investment stetig. Mehr noch: Durch diesen Ansatz heben sich scheinbar fehlerhafte Investitionen (Bitcoin-Käufe zu temporären Maxima) und optimale

Einkäufe (beispielsweise der Kauf in einem Dip) gegenseitig auf und der Zeitpunkt des Investments rückt in den Hintergrund.

Trading ist das Gegenteil von Halten: Man investiert in Bitcoin und verkauft, sobald gewisse, im Idealfall vorher definierte, Schwellen erreicht sind.

Beide Möglichkeiten versprechen hohe Gewinne, können aber auch zum Totalverlust führen. Es gibt keine letztliche Sicherheit, seine Investition zu halten oder im richtigen Moment abzustoßen. Sollte man sich trotz dieser Risiken für eine der beiden Investitionsformen entscheiden, sollte man in jedem Fall beachten, sich vorher gründlich zu informieren.

Weiterhin ist es hier wichtig, die beiden Methoden nicht zu vermischen. Anstatt zwischen den Methoden zu wechseln, sollte man die Beträge, die man hält, und die, die man handelt, getrennt voneinander aufbewahren.

Ein schlechter Ratgeber sind hier Emotionen. Man sollte sich bei keiner der Investitionsmöglichkeiten dazu hinreißen lassen, sich von Ankündigungen jedweder Art beeinflussen zu lassen. Weder Angst noch Gier sollte hier eine Triebfeder sein. Außerdem gilt: Investiere nicht mehr, als du verkraften kannst, zu verlieren.

Ein letzter Punkt noch: Auch wenn die Geschichten der Krypto-Millionäre verlockend klingen – Bitcoin ist nicht als Spekulationsobjekt konzipiert. Man erinnere sich an das White Paper Satoshi Nakamotos – er sprach hier von einem dezentralen *Peer-to-Peer*-Bezahlungssystem, das ohne Banken auskommt. Will man die Währung voranbringen, sollte man sie auch in diesem Sinne verwenden. Damit steigt letztlich auch ihr Wert – man erinnere sich an die millionenschweren Pizzen.

Beim Spekulieren mit Kryptowährungen unterscheidet man hauptsächlich zwischen Handeln und Halten. Handeln meint den aktiven Kauf oder Verkauf im Rahmen der Kursschwankungen. Beim Halten hofft man darauf, dass der Kurs weiter steigt und wartet auf unbestimmte Zeit, bis man genug Gewinn eingestrichen hat.

Steuern und Recht – Vorsicht beim Finanzamt

Die Verlockung des schnellen Geldes ist bei Bitcoin groß. Gerade durch die vergleichsweise gewaltigen Kursanstiege ist die Kryptowährung ein beliebtes

Spekulationsobjekt. Bei den möglichen Gewinnspannen ist das nicht verwunderlich: Wer sich im Januar 2017 einen Bitcoin für unter 1.000 Euro gekauft hätte, hätte ihn zum Jahresende für knapp 17.000 Euro verkaufen können. Der theoretisch erzielte Gewinn, die Differenz zwischen Ankauf und Verkauf, läge damit bei 16.000 Euro. Dass es sich hier einen Brutto-Gewinn handelt, wird von vielen Anlegern gekonnt ignoriert. Rechtlich gesehen muss dieser Gewinn versteuert werden. Wie genau die Erträge zu versteuern sind, hängt zunächst davon ab, ob man als Privatperson oder als Unternehmen handelt.

Für den Privatnutzer von Bitcoin ist im Wesentlichen die Frage relevant, wie deren Veräußerung besteuert wird. Mit der rechtlichen Behandlung als Veräußerungs-geschäft werden alle möglichen Handlungen mit Bitcoin abgedeckt: Ob dabei Bitcoin gegen *Fiatwährungen*, Waren, Dienstleistungen oder andere Kryptowährungen getauscht werden, spielt zunächst keine Rolle.

Im Sinne des § 23 Abs. 1 Nr. 2 des Einkommen-steuergesetzes (EStG) liegen in allen Fällen private Veräußerungsgeschäfte vor, die auch unter der Bezeichnung Spekulationsgeschäfte bekannt sind. Die Einstufung als Spekulationsobjekt führt steuerlich dazu, dass Veräußerungsgewinne nach einer Haltefrist von mindestens einem Jahr steuerfrei sind. Wird ein Veräußerungsgeschäft innerhalb der einjährigen Haltefrist abgewickelt, gilt eine Freigrenze von 600 Euro pro Jahr. Die Freigrenze bezieht sich jedoch nicht nur auf Bitcoin-Geschäfte des Steuerpflichtigen, sondern gilt für alle privaten Veräußerungsgeschäfte im betreffenden Jahr. Der Veräußerungsgewinn, der zu besteuern ist, ergibt sich aus der Differenz zwischen dem erzielten Veräußerungspreis und den Anschaffungskosten bzw. Werbungskosten der eingesetzten Bitcoins.

Bitcoins werden in diesem Zusammenhang in Deutschland im Ertragssteuerrecht nicht als gesetzliches Zahlungsmittel, sondern als immaterielles Wirtschaftsgut bewertet. Dementsprechend wird Bitcoin steuerrechtlich anders als vom Staat ausgegebene Währungen betrachtet. Im privaten Bereich kommt es bei der Besteuerung in erster Linie auf die Veräußerung der Kryptowährungen an. Wie diese privaten Veräußerungsgeschäfte nach § 23 Abs. 1 Nr. 2 des Einkommenssteuergesetzes (EStG) besteuert werden, hängt von verschiedenen Faktoren ab.

DAS FIRST-IN-FIRST-OUT-PRINZIP

Für die Berechnung des zu versteuernden Gewinns ist der

Zeitpunkt der Anschaffung sowie der Kurs, zu dem die Kryptowährung erworben wurde, maßgeblich. Als Investor ist es also ratsam, sich beide Kennzahlen zu notieren. Der durch den Kryptohandel erzielte Gewinn ergibt sich aus der Differenz zwischen dem Einkaufspreis und dem Veräußerungspreis einer Kryptowährung. Dabei gilt die sogenannte *First-In-First-Out*-Methode als Maßstab. Sie besagt, dass jene Coins, die als erste erworben wurden, bei einer Veräußerung als erstes verkauft werden (vgl. zu Fremdwährungsgeschäften LfSt Bayern v. 12.3.2013, S 2256.1.1-6/4 St32).

Mit anderen Worten: Man nimmt an, dass die Bitcoin, die zuerst angeschafft wurden, auch diejenigen sind, die als erstes veräußert worden sind. Die Differenz stellt dann den Gewinn dar, auf den die Steuer erhoben wird.

Ein gängiges Wort in der Kryptoszene ist *Hodln*. Letztendlich beruht das Wort auf einer falschen Schreibweise des englischen Wortes für halten: hold. Dabei werden Kryptowährungen eingekauft und auf unbestimmte Zeit gehalten – man kann sich hier etwa ein elektronisches Sparbuch vorstellen, das nicht angerührt wird.

Im deutschen Steuerrecht macht diese Methode Sinn.

Die Anwendung: Kaufen, Handeln, Spekulieren | 121

Denn wenn ein erworbener Coin länger als zwölf Monate gehalten wird, ohne dass damit ein Trade getätigt wird, dann ist der erzielte Gewinn nicht mehr steuerpflichtig. Die Gewinne können dann bei der Veräußerung vollständig eingestrichen werden. Wird die Mindesthaltefrist von einem Jahr jedoch unterschritten, muss eine Steuer auf den Gewinn entrichtet werden.

Da der Kryptomarkt sehr volatil ist und nicht jeder Handel erfolgreich verläuft, kann es auch passieren, dass bei einer Veräußerung kein Gewinn erzielt wird. Ein solcher Verlust kann mit Gewinnen, die an anderer Stelle angefallen sind, verrechnet werden. Dies kann sowohl in Bezug auf zurückliegende als auch auf zukünftige Gewinne geschehen. Auch rund um den Kryptohandel anfallende Ausgaben können bei der Steuererklärung geltend gemacht werden.

Wenn man dem Staat also keine Steuern vorenthalten will, ist es wichtig, sich genaue Notizen zu machen: Wann wurde welcher Coin zu welchem Preis gekauft? Nur so kann man sich sicher sein, dass der Kryptohandel in legalem Rahmen abläuft und es nicht zu unerwarteten Überraschungen kommt.

Um dem Finanzamt im Zweifel geeignete Nachweise

über getätigte Transaktionen vorlegen zu können, sollten Anleger ihre Bitcoin-Geschäfte allerdings sorgfältig dokumentieren, denn die *First-In-First-Out*-Methode ist mit Einführung der Abgeltungssteuer nicht mehr ausdrücklich gesetzlich geregelt. Der gewöhnliche individuelle Einkommensteuersatz wird hier als Steuersatz zugrunde gelegt. Die Abgeltungssteuer hat insoweit also keine Bedeutung.

STEUERN FÜR UNTERNEHMEN

Im Gegensatz zu Privatanlegern können gewerblich tätige Unternehmen keine privaten Veräußerungsgeschäfte tätigen. Geschäfte mit Bitcoin, die sich im Betriebsvermögen befinden, führen stattdessen in aller Regel zu Einkünften aus Gewerbebetrieb gemäß § 15 EStG. Es gibt also keine Mindesthaltedauer, nach deren Ablauf Steuerfreiheit eintritt. Zusätzlich zur Gewerbesteuer unterliegen die erzielten Gewinne des Unternehmens je nach Rechtsform dann der Einkommensteuer (Personengesellschaften) oder der Körperschaftsteuer (GmbHs, AGs etc.). Dazu fällt für den Betrieb bei gewerblichem Handel mit Bitcoin die Gewerbesteuer an.

Neben den ertragsteuerlichen Auswirkungen von Bitcoin-

Geschäften ist für Unternehmer vor allem auch deren umsatzsteuerliche Behandlung von besonderem Interesse. Die Finanzbehörden behandeln den späteren Verkauf von Bitcoin über eine Handelsplattform regelmäßig als gewöhnliche umsatzsteuerbare Lieferung. Eine ärgerliche Praktik für Unternehmen, die Bitcoin als Zahlungsmittel akzeptieren. Ob dieser Umgang korrekt ist, bleibt aber fraglich: Nach einem Urteil des EuGH ist der reine An- und Verkauf von Wertpapieren in einem Unternehmen schon gar keine unternehmerische Tätigkeit und damit nicht steuerbar.

Das Bundesfinanzministerium hat sich auch zu Steuerbefreiungstatbeständen im Zusammenhang mit Bitcoin-Geschäften geäußert. Da es sich bei Bitcoin nicht um ein gesetzliches Zahlungsmittel handelt, ist der Handel von Bitcoin und die Vermittlung von Bitcoin-Umsätzen danach nicht etwa gemäß § 4 Nr. 8 Buchst. b UStG von der Umsatzsteuer befreit. Nach Meinung des Bundesfinanzministeriums mag sich im Einzelfall eine Steuerbefreiung aus § 4 Nr. 8 Buchst. c UStG ergeben. Letztere Vorschrift befreit Umsätze „im Geschäft mit Forderungen" sowie die Vermittlung dieser Umsätze.

Nach einer Äußerung des Bundesfinanzministeriums

sollen Transaktionen im Gegensatz zum Verkauf von Bitcoin nicht von der Umsatzsteuer berührt werden. Sie dienen lediglich der Entgeltentrichtung und können als Zahlungsmittel (also zum Beispiel für den Erwerb von Dienstleistungen oder Waren) nicht gemäß § 1 Abs. 1 UStG steuerbar sein.

In vielen Fällen folgt das Umsatzsteuerrecht nicht streng dem Ertragssteuerrecht. Es dürfte daher korrekt sein, Bitcoin zumindest als Entgelt im umsatzsteuerlichen Sinn zu behandeln. Denn in der Tat verfolgt der Unternehmer, der Bitcoin als Zahlungsmittel einsetzt, keine über die reine Entgeltentrichtung hinausgehenden wirtschaftlichen Interessen. In einem solchen Fall fällt keine Umsatzsteuer an, wie der BFH schon 1969 entschieden hatte.

Wenn die ersten finanzgerichtlichen Urteile vorliegen, mag erst wirkliche Klarheit darüber vorliegen, wie die umsatzsteuerliche Behandlung von Bitcoin-Geschäften erfolgt, die bislang nur zum Teil zufriedenstellend geklärt ist.

Für Privatanleger gilt: Kryptowährungen zählen im Ertragssteuerrecht als immaterielle Wirtschaftsgüter. Jedes Tauschgeschäft, ob gegen *Fiatgeld* oder andere Kryptowährungen, gilt als Veräußerungsgeschäft und muss besteuert werden. Hält man eine Kryptowährung länger als ein Jahr, ist das Geschäft steuerfrei. Wenn diese Frist unterschritten wird, muss der Gewinn ab 600 Euro aufwärts versteuert werden. Bei der Versteuerung gilt immer das *First-In-First-Out*-Prinzip.

Gewerblich tätige Unternehmen können keine privaten Veräußerungsgeschäfte tätigen. In der Regel unterliegen die Gewinne der Gewerbe-, Einkommens- und/oder der Körperschaftssteuer.

Kapitel 4: Die Zukunft – Alles dezentral?

Von einer Idee in einem E-Mail-Verteiler zu einer Bezahlungsmöglichkeit für zwei Party-Pizzen hin zu einem riskanten und profitablen Spekulationsobjekt – die Geschichte des Bitcoins ist ebenso rasant, wie die Entwicklung der darunterliegenden Technologie. Wer auch immer hinter dem Pseudonym Satoshi Nakamoto steckt, er konnte diese Entwicklung vermutlich nicht voraussehen. Auch wir besitzen keine Kristallkugel. Doch indem wir den Blick hinter den Schleier wagten, konnten wir einiges erfahren, das eine ungefähre Ahnung von der Zukunft vermittelt. Vor allem sind es einige Herausforderungen, denen sich diese junge Technologie stellen muss.

Eine dieser Herausforderungen ist die teilweise noch ungeklärte rechtliche Lage. Während einige Länder wie Malta oder die Schweiz Bitcoin bereits akzeptieren, wehren sich noch einige Akteure gegen den Fortschritt der Technologie. Daher zögern derzeit noch viele, ob sie die Währung in ihre Geldbörse aufnehmen – oder ob sie eine solche überhaupt erstellen sollen.

Auch die Akzeptanz von Bitcoins muss sich weiter erhöhen, damit sich die Kryptowährung durchsetzen kann. Bisher ist es erst in wenigen Geschäften möglich, seine Bitcoins auch tatsächlich zu verwenden und Waren und Dienstleistungen zu erwerben.

Dafür braucht es vor allem mehr Vertrauen und den Glauben daran, dass sich die digitale Revolution im Finanzsystem durchsetzen kann.

Auch auf technischer Seite muss sich noch einiges tun: Mit *SegWit* und dem *Lightning*-Netzwerk ist Bitcoin hier jedoch auf einem guten Weg. Zudem muss auch das Problem der *Mining*-Zentralisierung angegangen werden. Denn in den letzten Jahren sind die Anforderungen an die Rechenleistung zum Minen von Blöcken so stark gestiegen, dass nur noch kommerzialisierte Rechenzentren von extremer Größe wirtschaftlich arbeiten können. Die Zeiten, in denen es möglich war, allein mit dem Home-PC Bitcoin-Erträge zu erwirtschaften, sind lange vorbei. Dadurch entstehen Ungleichgewichte hin zu einigen großen Playern, die über ausreichend Hardware und entsprechendes Kapital verfügen. Folglich wird der Grundgedanke eines dezentralen Netzwerks mit vielen verschiedenen *Minern* durch eine Zentralisierung auf einige wenige unterwandert. Dies hat zur Folge, dass viele *Miner* im Wettbewerb um die Blocks leer ausgehen.

Zudem ist der Bitcoin-Kurs noch volatil. Dadurch, dass Bitcoin nach wie vor in Leitwährungen wie den US-Dollar oder den Euro umgerechnet wird, ist der Kurs instabil. Er reagiert auf Angebote und Nachfrage – Das, was jemand bereit ist für einen (Bruchteil von) Bitcoin zu zahlen und was ein anderer verlangt, bestimmt den Preis von Bitcoin. Ein Bitcoin ist jedoch letztlich immer genau einen Bitcoin wert – sollte sich das System etablieren und als Währung durchsetzen, kann irgendwann eine Emanzipation von *Fiatwährungen* stattfinden.

Außerdem steckt Bitcoin noch in den Kinderschuhen. Und aus denen muss die Kryptowährung herauswachsen. Dann können sich auch die derzeit schwerwiegendsten Nachteile auflösen. Wenn sich Bitcoin etabliert, wird das Problem der Volatilität zumindest ein Stück weit gelöst. Wenn die Regulierungs-Lage klarer wird, wird es auch mehr Nutzern leichter fallen, mit der Währung umzugehen.

Bitcoin ist nach wie vor ein Nischenprodukt. Bis Bitcoin aus seiner Nische gekrochen kommen kann, ist viel

Aufklärungsarbeit nötig. Schließlich ist der Hauptwert von Bitcoin das Vertrauen der Nutzer. Je mehr Vertrauen in die Kryptowährung gelegt wird, desto wertvoller wird sie. Und desto mehr kann sie vom Spekulationsobjekt zu dem werden, was sie sein will: Eine dezentrale, digitale *Peer-to-Peer*-Währung, aufbauend auf einer Technologie, die Institutionen wie Großbanken, Soziale Netzwerke und Verwaltungsapparate dezentralisieren kann. Eine Technologie, die Einzelnen wieder mehr Kontrolle gibt - über ihr Geld, ihre Daten und ihre Persönlichkeit.

Kapitel 5: Die Panik-FAQ

Als Bitcoin-Enthusiast, Nutzer oder Interessierter sieht man sich in Unterhaltungen immer wieder denselben Fragen gegenüber: Ist das nicht diese Drogen-Währung? Wie funktioniert das überhaupt? Ich versteh das nicht – kannst du mir mal erklären, was Bitcoin überhaupt ist? Wie kann ich welche kaufen?

Um die Antworten darauf zu erleichtern und einen Kompaktüberblick über die Welt des Bitcoins zu geben, ein kleines Panik-FAQ.

Sind Bitcoins sicher?

Das kommt auf den Blickwinkel an. Mit einem Quantencomputer, der viel mehr Rechenleistung als gewöhnliche Rechner bringt, könnte man theoretisch die Verschlüsselung von Bitcoin knacken. Wahrscheinlich ist das allerdings nicht, von der Wirtschaftlichkeit ganz zu schweigen.

Eine weitere Möglichkeit ist ein Angriff, bei dem eine Partei mehr als 50 Prozent der *Hashpower* im gesamten Netzwerk erreicht (*51-Prozent-Attacke*) und damit Transaktionen verfälschen könnte.

Wenn Nutzer oder Börsen jedoch gehackt werden, ist die Sache anders gelagert. Ein gehackter Nutzer wurde nicht gehackt, weil das Bitcoin-System eine Schwachstelle hatte, sondern weil die privaten Schlüssel nicht richtig aufbewahrt wurden. Viele Betroffene neigen schnell dazu, die Verantwortung auf die Kryptowährung abzuwälzen, obwohl der eigentliche Einflussfaktor außerhalb des Bitcoin-Systems lag.

Zusammenfassend muss also zwischen Risiken differenziert werden, die im System liegen, und Gefahren, die von der Nutzung ausgehen. Das gilt nicht nur für Bitcoins, sondern auch für jedes andere Finanzsystem. Das abgeschlossene Bitcoin-System ist für sich genommen sehr sicher.

Wo kann man sich bei Bitcoin anmelden?

Weil es keine zentrale Stelle gibt, die Bitcoin betreibt, gibt es auch keine Stelle, bei der man sich im klassischen Sinne registrieren kann. Um selbst Bitcoins zu kaufen, zu verkaufen, zu minen oder zu benutzen, benötigt man eine Bitcoin-*Wallet*, die öffentliche und private Schlüssel verwaltet und damit die Teilnahme am System ermöglicht. Eine erste Anlaufstelle ist hier zum Beispiel: http://blockchain.info.

Sind Bitcoins verboten?

Es ist sehr schwer bis unmöglich, eine dezentrale Währung zu verbieten. Da es weder eine zentrale Verwaltung noch Ausgabestelle gibt, ist keine Regierung in der Lage, das Datennetz zu verbieten. Lediglich der Umgang damit kann verboten werden. Ein Verbot ist jedoch, nicht zuletzt aus ökonomischen Gründen, unwahrscheinlich.

Wie viel ist ein Bitcoin wert?

Weil das System der Bitcoins dezentral ist, gibt es auch keine Institution, die feste An- und Verkaufspreise zum Tausch in eine *Fiatwährung* garantiert. Der Wert von Bitcoins ergibt sich letztendlich also nur aus Angebot und Nachfrage.

Was macht man, wenn man gehackt wird?

Es kann in praktisch jedem Geldsystem passieren, gehackt zu werden. Der Diebstahl einer Geldbörse lässt sich nicht darauf zurückführen, dass der Euro eine schlechte Währung ist. Genau so wenig kann man von Einzelfällen, in denen Bitcoins gestohlen wurden, auf die Sicherheit des Systems schließen. In fast allen Fällen lag die Ursache für den Diebstahl außerhalb des eigentlichen Systems.

Erkläre mir Bitcoin in einem Satz

Bitcoin ist eine Währung, basierend auf einem dezentralen System, in dem alle auftretenden Transaktionen in der sogenannten *Blockchain*, einem offenen Transaktionsbuch, gespeichert und von anderen Teilnehmern des Netzwerks geprüft werden.

Kapitel 6: Die Quellen

Badev, Anton: Bitcoin: Technical Background and Data Analysis. Federal Reserve Board, 2014. Online-Publikation. URL: https://www.federalreserve.gov/econresdata/feds/2014/files/2014104pap.pdf.

BTC-ECHO: https://www.btc-echo.de.

Bundesbank, Deutsche: Monatsbericht: Bundesbank sieht Vorteile in Blockchain-Technologie. Franklfurt am Main, 2017. Online-Publikation. URL: https://www.bundesbank.de/Redaktion/DE/Themen/2017/2017_09_18_monatsbericht_dlt.html.

Blockchain Bundesverband: Statement on Token Regulation with a fokus on Token Sales. Online-Publikation. URL:https://bundesblock.de/wp-content/uploads/2018/02/180209_Statement-Token-Regulation_blockchain-bundesverband.pdf.

Catalini, Christian; Gans, Joshua S.: Initial Coin Offerings and the Value of Crypto Tokens. Massachusetts Intstitue of Technology, 2018.

Champion de Crespigny, Angus: Blockchain: the hype,

the opportunity and what you should do. Online-
Publikation. URL:
https://webforms.ey.com/Publication/vwLUAssets/ey-
blockchain-the-hypethe-opportunity-and-what-you-
should-do/%24FILE/ey-blockchain-the-hypethe-
opportunity-and-what-you-should-do.pdf

Chiu, Jonathan et al: The Economics of
Cryptocurrencies – Bitcoin and Beyond. April 2017.
Online-Publikation. URL:
https://www.chapman.edu/research/institutes-and-
centers/economic-science-institute/_files/ifree-papers-
and-photos/koeppel-april2017.pdf.

Fuhrland, Matthias: Schnittstellen von Kryptowährungen
zum Währungssystem als Basis für neue
Geschäftsmodelle. Hochschule Mittweida. 2017.

Holotiuk, F., Pisani, F.,Moormann, J. The Impact of
Blockchain Technology on Business Models in the
Payments Industry. In: Proceedings of 13th International
Conference on Wirtschaftsinformatik, St. Gallen, 2017.
S. 912-926.

Horch, Phillip: Die dunkle Seite des Netzes? Mediale
Imaginationen des Tor Netzwerkes. Grin Verlag, 2014.

Knauer, Alexander: Blockchain – Was ist der Stand, wo geht es hin und was ist zu tun? HS Mittweida, 2017.

Nakamoto, Satoshi: Bitcoin: A Peer-to-Peer Electronic Cash System". Online-Publication. URL: https://bitcoin.org/bitcoin.pdf

Pinna, Andrea; Ruttenberg, Wiebe: Distributed Ledger Technologies in Securities Post-Trading. In: Occasional Paper Series No. 172, April 2016. Online-Publikation. URL: https://www.ecb.europa.eu/pub/pdf/scpops/ecbop172.en.pdf.

Plansky, John; O'Donnel, Tim; Richards, Kimberly: A Strategist's Guide to Blockchain. In: Strategy + Business, 2016. Online-Publikation. URL: https://www.strategy-business.com/article/A-Strategists-Guide-to-Blockchain.

Roßbach, P.: Blockchain-Technologien und ihre Implikationen. Banking and Information Technology, Vol. 17, 2017. S. 54-69.

Talk, Bitcoin. Online Forum: https://bitcointalk.org/

World Bank Group: Distributed Ledger Technology (DLT) and Blockchain. Online-Publikation. URL: http://documents.worldbank.org/curated/en/1779115137 14062215/pdf/122140-WP-PUBLIC-Distributed-Ledger-Technology-and-Blockchain-Fintech-Notes.pdf.

Kapitel 7: Das Glossar

Airdrop: Schenken von Token einer neuen Kryptowährung an interessierte User (siehe *ICO*).

Bitcoin: Währungssystem, das ohne vermittelnde Instanzen wie Banken auskommt.

Blockchain: Kette aus Datenblöcken. Grundlegende Technologie für Bitcoin.

Block-Halving: Ereignis, bei dem die Belohnung für *Mining* halbiert wird. Findet nach jedem 210.000ten Block statt.

Cold Storage: Möglichkeit, Kryptowährungen offline zu lagern.

DApp: Dezentrale Anwendungen.

Difficulty: Schwierigkeit des Minings.

Double Spending: Die Möglichkeit, Bitcoins doppelt auszugeben.

Fiatwährung: Von Staaten und Banken herausgegebene Währungen wie US-Dollar oder Euro.

FOMO: *Fear of missing out* = Die Angst, etwas zu verpassen.

FUD: *Fear, Uncertainty and Doubt* = Angst, Unsicherheit und Zweifel.

Full Node: Großer Knotenpunkt im Bitcoin-Netzwerk, der eine Kopie der *Blockchain* enthält.

Hash: Algorithmische Funktion, die in jedem Bitcoin enthalten ist und die wichtigsten Informationen zu den Transaktionen enthält.

Hard Fork: Signifikante Regeländerung innerhalb der Community eines Netzwerkes, die von allen Minern und Nodes ein Update notwendig macht. Wenn eine Minderheit dieses Protokollupdate nicht mitmacht, kann es zur Bildung einer neuen Kryptowährung kommen.

ICO: Initial Coin Offering. Das Sammeln von Geld, um neue Projekte zu gründen, bei denen neue Kryptowährungen entstehen.

Know-Your-Customer (KYC): „Kenn deinen Kunden"-Richtlinie. Regel, dass man sich bei vielen Online-Handelsplätzen mit persönlichen Daten registrieren muss.

Kryptowährung: Digitale Währung, die auf Kryptographie basiert.

Lightning Network: Protokollerweiterung, die schnellere und kostengünstigere Transaktionen verspricht.

Merkle Trees: Datenstrukturen, in denen die *Transaktionen* gespeichert sind.

Mempool: Stauraum für *Transaktionen*.

Mining: Prozess zur Generierung neuer Blöcke für die Blockchain, bei dem neue Bitcoins erzeugt werden.

Multi-Sig-Wallets: *Wallets*, die mehrere Signaturen beinhalten – für gemeinsame Nutzung mehrerer Anwender interessant.

Nodes: Knotenpunkte im Bitcoin-Netzwerk.

Nonce: Zähler innerhalb der *Hashs*.

Peer-to-Peer: Kommunikation unter gleichberechtigten Partnern (meist Computer).

Private Key: Verschlüsselungs-Mechanismus für die Transaktionen im Bitcoin-Netzwerk. Vergleichbar mit dem PIN-Code zu einem Konto.

Proof of Work: Konsens-Mechanismus. Wird in der Bitcoin-Blockchain verwendet, dass sich die Teilnehmer auf die gültige Version der Blockchain einigen.

Public Key: Öffentlicher Schlüssel. Etwa mit der Kontonummer vergleichbar. Jeder Teilnehmer kann hiermit Zeit und Richtigkeit der Transaktionen überprüfen *ohne* den Inhalt zu kennen.

Second Layer Applications: Erweiterungen für die Blockchains.

SegWit: Kurzform von Segregated Witness. *Soft Fork* Zur Beschleunigung und Erweiterung des Bitcoin-Netzwerks.

Signatures: Digitale Signaturen. Unterschriften der einzelnen Rechner, die die gesendeten Nachrichten bestätigen.

Simplified Payment Verification: Erleichterte Zahlungsbestätigung. Herausfinden von Informationen über bestimmte Transaktionen innerhalb eines Blockes, ohne diesen herunterladen zu müssen.

Skalierbarkeit: Fähigkeit eines Netzwerkes zur Verarbeitung vieler Transaktionen.

Smart Contracts: „Schlaue Verträge", die automatisch bei bestimmten Ereignissen ausgeführt werden.

Soft Fork: Regeländerung, die optional ist und deswegen nicht zu einer Abspaltung wie bei der *Hard Fork* führen kann.

Target: Nummer, die beim Bitcoin-*Mining* berechnet werden muss.

Token: Münze oder Zähleinheit innerhalb einer Kryptowährung.

Transaktion: Nachricht, die innerhalb des Bitcoin-Netzwerks verschickt wird.

Wallet: Digitale Brieftasche für Bitcoins und andere Kryptowährungen.

White Paper: Dokument, welches Zielsetzung und Lösungsansätze der anvisierten Kryptowährung erläutert. Bei einem ICO oder Airdrop wird auch der geplante Token-Verkauf und die geplante Verteilung der Token beschrieben.

51-Prozent-Attacke: Angriff, bei der es der Angreifer schafft, mehr als die Hälfte der *Miner* zu stellen.

www.ingramcontent.com/pod-product-compliance
Lightning Source LLC
Chambersburg PA
CBHW071816200526
45169CB00018B/340